L'AVENIR

DE

LA FRANCE

PAR

L'Abbé DESORGES

Ancien professeur de philosophie et de théologie, rédacteur du *Monde*.

Obsecro autem eos, qui hunc librum lecturi sunt, ne abhorrescant propter adversos casus, sed reputent ea quæ acciderunt, *non ad interitum, sed ad correptionem esse generis nostri.*

(Mach. l. II, vi, 12.)

PARIS

HATON, LIBRAIRE-ÉDITEUR

33, RUE BONAPARTE, 33

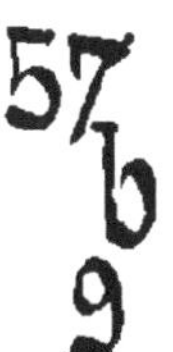

L'AVENIR

DE

LA FRANCE

IMPRIMERIE L. TOINON ET Cᵉ, A SAINT-GERMAIN.

L'AVENIR
DE
LA FRANCE

PAR

L'Abbé DESORGES

Ancien professeur de philosophie et de théologie,
rédacteur du *Monde*.

> Obsecro autem eos, qui hunc librum lecturi sunt, ne abhorrescant propter adversos casus, sed reputent ea quæ acciderunt, *non ad interitum, sed ad correptionem esse generis nostri.*
>
> (Mach., l. II, vi, 12.)

PARIS
HATON, LIBRAIRE-ÉDITEUR
33, RUE BONAPARTE, 33

1871

L'AVENIR

DE

LA FRANCE

I.

ÉTAT DE LA FRANCE.

C'est avec des larmes qu'il faudrait décrire l'état désolé de notre imfortunée patrie. Naguère, semblable à un arbre vigoureux et magnifique, elle portait vers le ciel ses branches superbes. Aujourd'hui l'arbre blessé saigne de toutes parts ; deux de ses branches principales ont été coupées, lui-même s'agite et penche vers la ruine. Et l'Europe regarde étonnée et inquiète.

Une guerre déclarée sans préparation et sans forces suffisantes, commencée d'une manière insensée, conduite d'une manière inepte, a jeté la France abattue aux pieds de ses ennemis. Un gouvernement qui paraissait fort, est tombé comme un château de cartes. Et nous sommes tombés nous-mêmes de ses mains dans celles d'un avocat, qui s'est établi lui-même dictateur et général en chef de nos armées.

Les armées improvisées valaient leur général; tout manquait, excepté le courage. Le résultat était inévitable ; il a été ce qu'il devait être et ce que chacun sait.

Il semble que c'était assez pour une fois d'infortunes et de hontes ; assez de sang et de larmes. Mais non, nous ne faisions qu'entrer dans la voie des douleurs.

Paris exerce depuis un siècle sur la France une dictature injuste, inique et désastreuse. Ce que Paris veut, la France le veut. Il plaît à cette grande Babylone de faire une révolution, de jeter par terre le gouvernement de la France, et de lui en donner un autre; et la France obéit. Quand on se retire un peu par la pensée lors de la région des faits, on est stupéfié de cette monstruosité qui semble n'étonner personne. Paris est le foyer de toutes les doctrines perverses, la fournaise de toutes les passions subversives, la sentine de toutes les corruptions : et Paris gouverne la France.

Donc cette ville spirituelle, la paix avec l'étranger à peine signée, trouva que nos malheurs n'étaient point encore assez grands. Elle avait respecté le gouvernement qui avait pris lui-même l'autorité au 4 septembre, et s'était donné la mission d'achever de perdre la France : une assemblée venait d'être légitimement élue et un gouvernement régulier établi; Paris n'en voulait point. Il aima mieux obéir à une réunion de scélérats, écume de l'Europe; et le 18 mars commença cette longue série de folies, de hontes, de crimes, de vols, d'assassinats, d'incendies que l'on appelle le règne de la Commune de Paris.

Si, passant de cette région triste et désolée des faits et des événements à celle des idées et des doctrines, on considère l'état des esprits, l'âme de la France, on est peut-être encore plus épouvanté. L'athéisme, le matérialisme, l'abolition de toute religion, l'abolition du mariage, l'immoralité, l'abolition du droit de propriété et d'hérédité, ou plutôt de tous les droits, la destruction de tout l'état social actuel, politique, religieux et moral; voilà les rassurantes doctrines que l'on prêche, et dont on s'efforce d'empoisonner les âmes, dans les villes et même dans les campagnes. Une société infernale, qui étend ses filets sur l'Europe entière, les propage avec énergie. Et en face de ce zèle ardent pour le mal, on constate avec tristesse l'apathie des gens de bien, qui après tout sont les plus nombreux, mais qui font si peu de chose pour s'emparer de la direction des idées, et leur imprimer un cours salutaire, moral et religieux.

Un des caractères les plus tristes de notre époque, c'est l'affaiblissement du principe d'autorité. L'idée en est altérée, pervertie dans un nombre infini d'esprits, et tend à s'oblitérer dans nos âmes. Et cependant il n'est pas d'idée d'une importance pratique plus haute et plus capitale. C'est sur elle comme sur son pivot que roule le monde social. Quand elle est en possession des esprits, qu'elle y règne et les dirige, la société suit son cours comme un fleuve tranquille et majestueux. Quand, au contraire, elle est pervertie dans les âmes, et lorsqu'elle vient à disparaître, lorsqu'elle est emportée par le torrent des révolutions, il se fait à sa place un vide où tout menace de s'engloutir comme dans un abîme. L'histoire des temps modernes nous offre de cette vérité fondamentale deux preuves illustres, mémorables à jamais, et qui devraient être pour tous un enseignement puissant, si les leçons de l'histoire servaient à quelque chose. A la fin du siècle dernier, l'autorité, minée en France par des doctrines empoisonnées et délétères, disparut dans l'ouragan révolutionnaire; et l'on vit alors la nation la plus spirituelle, la plus aimable et la plus noble de l'univers, se rouler pendant dix ans dans la fange et dans le sang avec une rage qui défie toute description. Et les ignobles saturnales de la Commune de Paris, qui viennent de se dérouler sous nos yeux, ne sont-elles pas une éclatante confirmation de la vérité capitale que je rappelle? La Pologne en est une autre preuve vivante et palpitante. Il y a bientôt un siècle que cette nation infortunée est dans les douleurs de l'agonie. Couchée sous le pied savamment brutal de la Russie, elle ne peut ni vivre ni mourir ; et s'agitant de temps à autre dans son supplice, elle fait frémir et rougir l'Europe par ses convulsions périodiques. Pourquoi cela? Quelle est la cause première de ce mal étranger? D'où viennent les malheurs de la Pologne? De ce qu'elle n'a pas su établir dans son sein une autorité capable d'y fonder l'union et la stabilité. Sans doute cela ne justifie pas ses envahisseurs; mais enfin c'est l'absence d'une autorité constitutive, l'histoire nous l'apprend, qui l'a laissée comme une proie à la rapacité de ses voisins.

Prenons garde de ne pas devenir une seconde Pologne! Et ce malheur nous arriverait sans aucun doute, si nous ne parvenions pas à rétablir, ou plutôt si la Providence ne rétablissait pas au milieu de nous le principe de l'autorité. Les mêmes causes finissent toujours par produire les mêmes effets.

Considérée au point de vue religieux, la France n'offre guère un spectacle plus consolant. Sans doute le catholicisme y est fortement organisé; mais combien d'âmes qui ont secoué son joug! Les villes, les campagnes elles-mêmes ne renferment-elles pas d'immenses troupeaux d'hommes qui vivent comme si Dieu n'existait pas, et qui sous ce rapport ne se distinguent pas des animaux? Il est de bon ton dans un certain monde d'être sans religion, et ceux qui n'y sont pas impies, y sont indifférents. Comme si la meilleure gloire de la raison de l'homme n'était pas dans ses relations avec l'Être infini, et comme si la religion n'était pas la meilleure garantie de l'ordre et de la prospérité sociale !

Mais il y a quelque chose peut-être de plus triste encore, et c'est à peine si on ose le dire : le bon sens chez nous est éteint ! Le dévergondage des doctrines, les folies d'une certaine presse, la fréquence des révolutions, les changements perpétuels d'autorité, de personnes et de systèmes, ce sont là comme autant de coups portés à la raison, et elle en est ébranlée.

Est-ce à dire que l'état de la France soit désespéré, sans remède, et qu'elle soit une nation condamnée? Oh ! non, mille fois non. La Providence et l'Église ont besoin d'elle. Elle traverse une crise effrayante, et qui n'est pas finie ; mais elle en sortira régénérée, et elle reprendra sa grande place.

Tous ceux qui l'aiment, tous ses enfants, doivent travailler dans leur sphère à amener ce moment, à hâter le salut que nous attendons, que nous cherchons. C'est pour y contribuer quelque peu que cet écrit paraît. D'autres ont paru déjà, et en grand nombre. Mais ils ont considéré chacun les diverses faces particulières de la question générale : les uns ont considéré le point de vue politique, les autres le point de vue historique ; ceux-ci ont étudié le point de vue social, ceux-là le point de vue religieux. J'ai pris la question dans son ensemble. La solution en est plus sûre et plus certaine ; on y arrive de tous les points à la fois. Je serai court cependant : il le faut bien, on n'a pas le temps de lire de longs écrits. Jamais peut-être à aucun moment de son existence, l'humanité n'a marché d'un pas aussi précipité ; jamais la chaîne de ses destinées ne s'est déroulée avec une rapidité aussi merveilleuse. Il semble que le temps tourne sa roue d'un bras plus rapide, et que l'humanité, emportée comme par un tourbillon providentiel, se hâte de se précipiter vers un monde nouveau. La France sera encore l'instrument principal de la Providence, et conduite par le grand monarque que Dieu tient en réserve, elle travaillera à amener le règne de la justice et de la vérité, autant qu'il peut exister sur la terre.

L'homme d'État célèbre qui nous gouverne, dans son message à l'Assemblée nationale, a prononcé ces paroles : « Ce pays, objet de l'attention passionnée de l'univers, sera-t-il république ou monarchie ? » Ces paroles singulières sur les lèvres d'un président de république, démontrent une fois de plus ce que tout le monde savait déjà, que nous sommes dans un état provisoire, et qu'il est loisible à tous, sans manquer au gouvernement de son pays, de chercher un état normal et stable, de chercher le salut, et de l'indiquer du doigt à la France. Il n'est que trop probable que nous n'y arriverons qu'après avoir traversé de nouvelles crises et subi de nouvelles catastrophes. Mais c'est une consolation puissante de savoir qu'il existe, et que nous y arriverons sous l'action infaillible de la Providence.

II.

LA MONARCHIE ET LA RÉPUBLIQUE CONSIDÉRÉES EN ELLES-MÊMES.

Avant de considérer la monarchie et la république dans leur application à la France, avant de rechercher laquelle de ces deux formes de gouvernement lui convient le mieux, considérons-les d'abord en elles-mêmes. Il est évidemment plus facile et plus sûr d'apprécier une vérité dans ses relations et dans ses applications particulières, lorsqu'on l'a préalablement étudiée en elle-même et, pour ainsi parler, dans sa substance.

Et d'abord il n'est pas aussi facile qu'il peut le paraître à première vue de définir les différentes formes de gouvernement. Le temps, les hommes les ont mêlées entre elles; c'est comme un travail de les distinguer, et on les décrit plutôt qu'on ne les définit.

La monarchie, dans son idée primitive, dans son essence première, est le pouvoir d'un seul; elle est l'état où le gouvernement réside principalement dans un seul homme et d'une manière permanente. J'ajoute cette dernière condition, afin de séparer plus nettement cette forme de gouvernement de la république, où le président a aussi, ou du moins peut avoir, dans les affaires la principale part, mais d'une manière temporaire. Dans les monarchies représentatives, et spécialement dans les monarchies modernes, l'autorité est partagée entre le souverain et les chambres; aussi ne sont-elles pas la monarchie pure, mais bien la monarchie mitigée et tenant de la forme républicaine. Il ne faut pas du reste exiger ici quelque chose de trop absolu et de métaphysique. Les formes de gouvernement, je l'ai dit déjà, sont plus ou moins mêlées, et on les définit par l'élément qui domine en chacune d'elles. Ainsi, par exemple, je disais tout à l'heure que dans la monarchie le pouvoir est permanent, et que dans la république il ne l'est pas. On conçoit toutefois une république où le pouvoir du président serait perpétuel : Napoléon Ier a été nommé consul à vie. Il est vrai que des consuls semblables ressemblent fort à des rois et à des empereurs.

La monarchie est opposée, par l'idée et par l'expression elle-même, à la polyarchie, ou gouvernement de plusieurs. Toutefois, on sait qu'à Lacédémone, état monarchique, deux rois gouvernaient simultanément, l'un appartenant à la famille des Eurysthénides, l'autre à celle des Proclides. Et, chose étonnante, cela a duré des siècles! Les Grecs, dont la belle langue nomme tout avec tant de facilité, appelaient cette forme de gouvernement une dyarchie.

La monarchie peut être absolue ou tempérée. Elle est absolue, lorsque le pouvoir du souverain n'est pas limité par des institutions modératrices, comme des chambres, par exemple. Elle est tempérée, lorsque ces institutions existent. On appelle représentatif le gouvernement auquel la nation participe de quelque manière par ses représentants, et parlementaire celui où cette représentation nationale a lieu par un parlement ou des chambres. On a coutume d'appeler aussi ce gouvernement constitutionnel, pour exprimer qu'il repose sur une constitution écrite; mais tout gouvernement a une constitution, écrite ou non, bien qu'il puisse quelquefois la fouler aux pieds (1).

La république, dans son idée primitive, est le pouvoir du peuple; elle est le gouvernement où le peuple a et exerce l'autorité suprême. Il en était ainsi en effet dans les républiques anciennes, et spécialement à Athènes et à Rome. A Athènes, c'était le peuple qui faisait les lois par son vote et décidait des affaires majeures, comme de la paix et de la guerre. Il avait pour cela ses assemblées ordinaires, κυριαι, et extraordinaires, συγκλητοι. Il en était de même à Rome, où le peuple dans ses comices exerçait le pouvoir législatif et décidait des grandes affaires. Aujourd'hui de semblables républiques n'existent plus ; et elles sont moralement impossibles pour une grande nation. A Athènes et à Rome, il n'y avait que les citoyens qui eussent droit de suffrage. Or dans ces villes tant vantées, la plupart des habitants étaient esclaves. Athènes avait dans ses murs 60,000 habitants; 40,000 étaient esclaves. A Rome,

(1) On a souvent confondu dans les discussions le système représentatif et le système parlementaire. Celui-ci n'est qu'une partie, une des formes du premier. Le système représentatif a plus d'extension, puisqu'il comprend le régime des États, qu était l'ancienne constitution française, et le régime parlementaire, qui est la constitution moderne. Ces deux régimes sont représentatifs, puisqu'ils sont la nation représentée, par les États généraux dans le régime des États, et par les chambres modernes dans le régime parlementaire. Le système représentatif est le *genre*; les deux régimes dont je parle en sont comme les deux *espèces*. On peut dire toutefois que le régime parlementaire est un développement du régime des États.

ils étaient innombrables, et le sénat défendit qu'on leur donnât un costume particulier, de peur qu'ils ne vinssent à se compter. A Athènes, le nombre de votants exigé était de 6,000 ; à Lacédémone de 10,000; à Rome, le chiffre n'a jamais été fixé. D'après cette idée de ce gouvernement, qui est la vraie, Montesquieu a dit avec raison : « Il est de la nature d'une république qu'elle n'ait qu'un petit territoire; sans cela elle ne peut guère subsister (1). » La grande république moderne des États-Unis d'Amérique n'en est pas une dans le sens primitif, puisque le peuple n'y a pas l'exercice de l'autorité, mais seulement l'élection du président et des membres qui composent les chambres. Et c'est là un grand bien, car par là la république se rapproche de la monarchie et prend quelque chose de la facilité avec laquelle le pouvoir s'y exerce. Ces deux formes de gouvernement se sont rapprochées de telle sorte, qu'aujourd'hui la monarchie tient de la république, et la république tient de la monarchie; des deux côtés, il y a un chef et des chambres. Et c'est dans ce sens, cela va de soi, que nous parlerons de la république.

Il n'y a, et il ne peut y avoir que deux espèces de gouvernement : la monarchie et la république. Si, en effet, il y a dans un État un souverain qui gouverne, c'est une monarchie; s'il n'y en a point, c'est une république. Constatons d'abord que ces deux formes de gouvernement sont en elles-mêmes bonnes et légitimes. Elles sont l'une et l'autre propres à faire atteindre à la société sa fin, son but. Or, c'est là la pierre de touche pour apprécier sainement les diverses formes de gouvernement. Elles n'existent pas pour elles-mêmes, mais pour les sociétés qu'elles régissent, pour leur faire atteindre leur fin, c'est-à-dire, l'ordre, la tranquillité sociale, le bien-être et

(1) Montesq., *Espr. des lois*, l. XIII, ch. xiv.

le perfectionnement matériel et moral. Conséquemment, toute forme de gouvernement qui est de nature à faire atteindre à la société ce résultat, est en elle-même bonne et légitime.

Et d'abord la monarchie est évidemment dans ces conditions. Ce qui établit et maintient dans la société l'ordre, la tranquillité et les biens qui en découlent, c'est principalement l'autorité. C'est elle qui porte les lois et les fait exécuter, et qui, par la crainte salutaire qu'elle inspire, prévient les désordres et les crimes, ou les réprime et les punit. Or assurément dans la monarchie l'autorité existe; c'est là même qu'elle a le plus de force et s'exerce avec le plus de facilité. Il n'y a rien du reste dans la forme monarchique, quoi qu'en disent certains démagogues exaltés, qui blesse en aucune manière la loi morale, les droits des peuples et la dignité humaine. L'autorité d'un côté et l'obéissance de l'autre sont la loi essentielle, nécessaire, parfaitement morale et souverainement utile, de toute société qu'elle qu'en soit la forme. Dieu est le monarque du monde, le père est le monarque de la famille, le prince l'est de la société civile. L'obéissance est cette mâle vertu qui entretient dans le corps social la force et l'énergie. La liberté du reste et tous les autres droits individuels peuvent parfaitement exister et être respectés sous cette forme de gouvernement, tant que ces droits individuels ne blessent pas ceux des autres et l'harmonie de l'ensemble.

La république, elle aussi, dans les conditions où elle doit être, est en elle-même bonne et légitime. Elle peut, en effet, faire atteindre à la société son but et sa fin; l'autorité y maintient l'ordre et la tranquillité nécessaire, et empêche la liberté d'y devenir de la licence. De Bonald n'a pas craint de dire que « le gouvernement républicain est non-seulement contraire à la nature de l'homme social, mais même à celle de l'homme naturel (1). » Il est difficile d'être plus exagéré. Que l'on soit partisan de la monarchie, très-bien; mais de pareilles exagérations nuisent aux vérités que l'on défend.

Si les deux formes de gouvernement qui existent parmi les hommes sont bonnes en elles-mêmes et légitimes, elles peuvent toutefois être viciées et corrompues, et nous devons flétrir ici en passant les gouvernements arbitraires, despotiques et tyranniques.

Le gouvernement despotique est celui où le chef de l'État ne gouverne que par sa volonté et ses caprices, et rapporte tout à lui. Ces deux éléments constituent le despotisme proprement dit : celui-là est despote qui ne suit que son bon plaisir et ses intérêts propres. Il n'est pas besoin de longs raisonnements pour démontrer qu'un pareil régime est mauvais. Le double caractère d'un bon gouvernement, c'est de gouverner d'après la constitution et les lois, et pour le bien de la nation. Or le despote a deux qualités contraires ; il foule aux pieds les lois et cherche avant tout son intérêt propre. Le gouvernement arbitraire est à peu près le même que le gouvernement despotique, bien que l'idée de despotisme ajoute quelque chose à celle d'arbitraire. Ce qui n'est pas fondé en raison, ni conforme à la loi, ce qui vient uniquement de la volonté, du caprice, de la passion, est arbitraire. Or un pareil régime est opposé à la raison et à tout bon gouvernement. Mais il ne faut pas confondre le gouvernement absolu avec l'arbitraire et le despotique. Le premier est celui où il n'y a pas d'institutions politiques modératrices du pouvoir, comme des États ou des chambres, mais où il y a des lois d'après lesquelles le royaume doit être gouverné et adminis-

(1) *Théorie du pouvoir*, 3e part., l. III, c. IV.

tré. Le gouvernement arbitraire et despotique est celui où la volonté et le caprice sont la seule loi. Bien que partisan de la monarchie tempérée, et du gouvernement environné d'institutions modératrices du pouvoir, je me garderai bien toutefois d'appeler mauvais en lui-même le gouvernement absolu. Il est quelquefois très-utile, et nécessaire même, momentanément du moins, dans telles ou telles circonstances données.

Si le despotisme est mauvais, que dire de la tyrannie? On peut la définir : la persécution des sujets par le gouvernement. La tyrannie ajoute donc au despotisme. Elle est le renversement de la mission que l'autorité doit exercer. C'est le gouvernement de Néron, d'Henri VIII d'Angleterre, de la Convention et tout récemment de la Commune de Paris. Car le despotisme et la tyrannie ne sont pas exclusivement propres, comme plusieurs affectent de le croire, à la monarchie ; la république n'en est pas exempte. Et assurément la Convention et la Commune n'ont rien à envier aux plus cruels tyrans.

Et maintenant faisons un pas de plus, et recherchons quelle est, de la monarchie ou de la république, la meilleure forme de gouvernement. Cette question peut avoir deux sens. On peut demander quel est le meilleur gouvernement en lui-même, et comme *a priori*, indépendamment de l'application à telle ou telle nation. On peut au contraire demander quel est le meilleur gouvernement dans telles ou telles circonstances données, pour tel ou tel peuple, vu son caractère national, ses antécédents et l'état où il se trouve. Nous examinerons cette seconde question au chapitre suivant; c'est la première que nous étudions en ce moment.

Il est des personnes qui ne veulent pas qu'on la traite. Tous les gouvernements sont bons, disent-elles, et le meilleur est celui qui convient le mieux à telle nation dans telles circonstances données. Ces deux assertions sont vraies : les deux espèces de gouvernement connues, avec leurs diverses modifications, sont bonnes en elles-mêmes, nous l'avons vu; en second lieu, la bonté relative d'un gouvernement dépend de la nation à laquelle il doit être appliqué. Mais cela n'empêche pas du tout qu'il ne puisse y avoir, et qu'il n'y ait en réalité, comme nous allons le voir, une forme de gouvernement qui soit en elle-même la meilleure, dont les éléments constituants soient en effet préférables à d'autres. On dit souvent: En politique il n'y a rien d'absolu, il n'y a point de vérités absolues, tout est relatif. C'est là une assertion fausse, prise ainsi en elle-même. Par exemple : il faut dans toute société une autorité, il faut dans toute société des lois, il faut dans toute société la soumission et l'obéissance, le respect de l'autorité, de la justice, de la morale, des droits des autres. Est-ce que ce ne sont pas là des vérités absolues? On a dans un certain monde la haine de l'absolu, on ne veut plus en entendre parler. On ne rougit pas de dire qu'il n'y a rien d'absolu en morale, sous prétexte que tous les peuples ne la pratiquent pas de la même manière. Ainsi ce ne serait pas absolument un mal de tuer son père, car chez certaines peuplades on les tue par charité, pour les préserver des incommodités de la vieillesse. Si de pareilles doctrines qui commencent à se répandre, et qui coïncident avec l'affaiblissement de la religion, de la raison et des caractères, pouvaient jamais triompher, elles nous conduiraient directement à l'état sauvage. Et c'est là du reste que nous conduisait la Commune de Paris.

Mais venons à la vérité que nous voulons démontrer, la supériorité de la forme monarchique. Elle a d'abord en sa faveur un préjugé favorable, qui assurément a sa valeur. Presque tous les peuples de la terre, et spécialement les peuples chrétiens, ont donné la préférence à la monarchie sur la république. C'est un fait historique que personne ne peut nier. Et il en est de même des écrivains les plus illustres, des meilleurs génies qui aient honoré l'humanité, comme nous le verrons tout à l'heure. Or peut-on admettre que le genre humain, dans ce qu'il a de meilleur, ait presque universellement choisi ce qu'il y a de moins bon?

La raison du reste parle ici comme l'histoire. Remarquons d'abord que le gouvernement du monde, de l'univers, est une monarchie. Dieu en est le monarque. Or ce qu'il y a de mieux pour l'homme, c'est d'imiter Dieu, type infini du bon et du beau, toutes les fois que sa condition le lui permet. De plus, Jésus-Christ, l'intelligence et la sagesse parfaites, et, de l'aveu même des incroyants, le plus sage des hommes, a dû donner à son Église la meilleure forme de gouvernement. Or il lui a donné le gouvernement monarchique (1). En troisième lieu, la famille, la société domestique est une société donnée par Dieu et par la nature. Et elle est monarchique; le père en est le roi. Il est donc vrai de dire que Dieu et la nature sont monarchistes. Qui oserait dire qu'ils ont tort? Qui oserait nier qu'ils aient raison? Qui prétendrait mieux juger?

Montesquieu, qui est du reste, je me hâte de le dire, partisan de la monarchie, fait contre l'argument tiré de la famille une singulière objection.

(1) La nation juive, constituée par Dieu, n'était pas à l'origine, comme on le dit quelquefois, une république, mais bien une monarchie, régie par une providence spéciale, et dont Dieu lui-même était le monarque. Et la preuve, c'est que lorsque les Israélites demandent un roi, il se plaint par son prophète que c'est lui qu'ils rejettent pour en prendre un autre : *Non te abjecerunt, sed me, ne regnem super eos.* (L. 1 Reg., c. VIII.)

« Quelques-uns ont pensé, dit-il, que la nature ayant établi le pouvoir paternel, le gouvernement d'un seul était le plus conforme à la nature. Mais l'exemple du pouvoir paternel ne prouve rien; car si le pouvoir du père a du rapport avec le gouvernement d'un seul, après la mort du père, le pouvoir des frères, ou après la mort des frères le pouvoir des cousins germains, ont du rapport avec le gouvernement de plusieurs (1). »

Il est peut-être impossible de dire quelque chose qui soit plus dépourvu de valeur. Qu'est-ce que le gouvernement des cousins germains? Mais supposons que les cousins germains gouvernent, et même les petits cousins, qu'est-ce que cela? N'est-ce pas la famille désorganisée par la mort du père? Et c'est à ce moment-là qu'on la prend comme type, comme modèle? Est-ce que le gouvernement des cousins germains, en soi, vaut celui du père? Est-ce qu'il est aussi naturel? L'auteur prouve donc le contraire de ce qu'il voulait montrer.

La meilleure forme de gouvernement, en elle-même, est celle qui est la plus apte à faire atteindre à la société sa fin propre et immédiate, qui est l'ordre, la paix intérieure, la tranquillité, condition essentielle du bonheur des peuples. Or ce gouvernement c'est la monarchie; car c'est là qu'il y a le plus d'autorité, pour prévenir les troubles et les réprimer. Qui ne sait que les républiques d'Athènes et Rome étaient des foyers de dissensions civiles? Et, le plus souvent, s'il y en a dans les monarchies modernes, c'est précisément l'esprit républicain et révolutionnaire qui les fait naître.

J'ai dit que les plus illustres génies étaient partisans de la doctrine que je défends en ce moment

(1) Montesq., *Espr. des lois*, l. I, c. III.

Citons-en quelques-uns pris aux différentes époques de l'histoire.

Il est digne de remarque d'abord que les deux plus grandes intelligences de la Grèce, qui vivaient au sein d'une république, aient été complétement monarchistes. Écoutons Platon. Il expose spécialement sa pensée dans le dialogue intitulé le *Politique*. Après avoir distingué six formes de gouvernement, c'est-à-dire, la monarchie, l'aristocratie et la démocratie, simples ou mixtes, il ajoute : « La monarchie, avec de bonnes règles que nous avons appelées lois, est de ces six formes la meilleure; Μοναρχια... αριστη πασων των εξ. Le gouvernement de quelques-uns tient comme le milieu. Le gouvernement d'un grand nombre est débile et infirme (1). » Aristote, sur cette question, parle comme Platon, ce qui est rare, comme on sait : « La meilleure des formes de gouvernement, dit-il expressément, est la royauté; la moins bonne est la timocratie; Τουτων δε βελτιστη μεν ή βασιλεια, χειριστη δ'η τιμοκρατια (2). » Cette timocratie dont il parle, est, d'après l'explication qu'il donne lui-même, une forme de la république. Hérodote, le père de l'histoire, parle comme ces deux grands philosophes. Voici à quelle occasion il a traité cette question. Une révolution avait eu lieu en Perse. Les princes qui la gouvernaient avaient été massacrés. Les principaux de la nation se réunirent pour délibérer sur la forme de gouvernement qu'il convenait d'adopter. Hérodote nous fait entendre trois orateurs. Le premier parle en faveur de ce que les Grecs appelaient l'*isonomie*; c'est ce que nous nommons le gouvernement démocratique, où le peuple aurait et exercerait l'autorité; c'est la république dans son idée pure et primitive. Le second plaide pour l'oligarchie, ou le

(1) Plat., *Polit.*, XLI, édit. Didot, t. I, p. 610.
(2) Arist., *Eth.*, l. VIII, c. X, édit. Didot, t. II, p. 99.

gouvernement des principaux citoyens, et le troisième, qui exprime évidemment les idées d'Hérodote, parle en faveur de la monarchie; et ce fut la solution qui prévalut. Il est fort possible que ces discours n'aient pas été tenus. Mais peu nous importe; nous avons l'opinion du grand historien (1).

Les philosophes et les théologiens scolastiques, si peu connus malheureusement de nos jours, traitent les questions modernes d'origine du pouvoir, et des diverses formes de gouvernement, avec une élévation, une solidité et une largeur d'idées que l'on ne soupçonne pas. Or tous donnent la préférence à la monarchie. Citons-en un, qu'on a appelé le prince de l'École, saint Thomas d'Aquin : « La meilleure organisation, dit-il, d'une nation ou d'une cité est celle où un seul a la principale autorité et règne sur tous ; et sous lui sont des chefs inférieurs, et de cette manière le gouvernement appartient à tout le monde, en ce sens que tous peuvent être élus chefs et que tous peuvent élire. Tout gouvernement bien constitué est donc un mélange de royauté, puisqu'un seul règne; d'aristocratie, puisque les grands participent à l'autorité; et de démocratie ou de la puissance du peuple, puisque c'est dans son sein qu'on prend les chefs et que leur élection lui appartient (2). »

Les grands écrivains qui ont brillé en France au dix-septième et même au dix-huitième siècle, sont monarchistes. Écoutons-en un, le plus grand de tous, Bossuet. « La monarchie a son modèle dans l'empire paternel, c'est-à-dire dans la nature même. Les hommes naissent tous sujets, et l'empire paternel qui les accoutume à obéir, les accoutume en même temps à n'avoir qu'un seul chef. Le gouvernement

(1) Hérod., III, 80, 81, 82.
(2) Thom. Aquin., *Sum. theol.*, 1, 2, q. cv, a. 1.

monarchique est le meilleur. S'il est le plus naturel, il est par conséquent le plus durable, et de là aussi le plus fort. C'est aussi le plus opposé à la division, qui est le mal le plus essentiel des États, et la cause la plus certaine de leur ruine (1). »

Presque tous les écrivains célèbres des temps modernes, français et étrangers, de Maistre, de Bonald, Balmès, Guizot, Thiers, Augustin Thierry, Macauley, etc., sont monarchistes. Il en est de même des hommes d'État célèbres, français ou étrangers. L'école républicaine devrait être modeste devant tous ces grands noms de l'antiquité et de tous les temps; mais c'est là une vertu qu'elle ne connaît pas. Elle est remarquable par trois choses : sa jeunesse, son zèle passionné, et son peu de bon sens pratique. Mais comme elle fait appel aux passions qu'elle flatte, et aux masses qu'elle cherche à gagner, elle peut avoir encore des succès qui seront un malheur pour la France et l'Europe. Au reste, qu'on veuille bien le remarquer, je n'attaque pas la forme républicaine; j'ai dit au contraire et démontré qu'elle est bonne en elle-même; seulement la monarchie est meilleure.

En donnant la préférence à celle-ci, je parle spécialement de la monarchie tempérée, de la monarchie environnée d'institutions modératrices du pouvoir, et dans laquelle l'autorité est unie à une sage liberté politique. Le pouvoir absolu, utile, nécessaire même quelquefois, ne doit point être l'état politique normal et habituel des peuples civilisés. Il y a dans la société civile deux forces différentes : une qui tend à rallier, à unir les individus, et à en faire un tout, un corps; et cette force se traduit, se détermine dans l'autorité, dans le pouvoir. Elle a sa

(1) Boss., *Polit. tirée de l'Écrit.*, l. II, a. 1.

racine dans la nature même de l'homme qui est un être social. Il y a en second lieu une autre force qui sort également de la nature et qui tend à conserver aux individus leur personnalité, leur autonomie, leur liberté. Et elle se traduit, se concrète dans les institutions modératrices du pouvoir.

C'est un fait d'expérience, et qui est fondé sur la nature même de l'homme, qu'il tend à augmenter toujours l'autorité qu'il possède, et qu'elle devient facilement excessive et absorbante. C'est là une loi universelle; tout être tend à être davantage. Il est donc sage de limiter, de contenir l'autorité suprême, pour qu'elle ne tombe pas dans l'arbitraire et dans les excès de pouvoir. Or, c'est là le but et l'effet des institutions dont nous parlons, et que nous appelons pour cette raison modératrices. « Comme il arrive, dit saint Thomas d'Aquin, que la monarchie tombe dans la tyrannie, ce qui est la pire des choses, il faut avoir grand soin que la nation s'arrange de manière à ce que son roi ne devienne point un tyran... Et pour cela, il faut organiser le gouvernement du pays de telle manière qu'on lui en ôte l'occasion, et il faut tellement *tempérer* son pouvoir qu'il ne puisse pas facilement devenir tyrannique. » Les institutions politiques les meilleures sont les institutions pondérées. La vie s'y entretient comme par un flux et reflux. Comme il y a un mélange de royauté, d'aristocratie, de naissance ou de talent, et de démocratie, toutes les parties de la nation apportent au gouvernement et à l'administration de la chose publique leur énergie propre et leurs aptitudes particulières; et il se fait ainsi des forces de tous un tout harmonieux qui est la perfection autant qu'elle peut être sur la terre.

III.

LA FRANCE DOIT-ELLE ÊTRE UNE MONARCHIE OU UNE RÉPUBLIQUE?

Il ne manque pas d'esprits étroits ou passionnés qui, partisans exclusifs d'une forme unique de gouvernement, veulent en revêtir comme d'un uniforme tous les peuples de la terre, anathématisent toutes les autres, et condamnent surtout sans rémission tout ce qui a existé avant eux, comme si l'intelligence et le bon sens politique avaient fait leur première apparition sur la terre le jour même de leur naissance. Avoir ses préférences est assurément chose très-permise; mais se faire le partisan fanatique d'une forme de gouvernement, vouloir jeter toutes les nations dans le même moule, et faire de toutes un troupeau uniforme et monotone, condamner comme mauvais tout ce qui n'est pas cette forme, même ce qui a duré quatorze siècles et jeté un immortel éclat, c'est là assurément faire preuve de peu d'élévation et de largeur dans les idées et de beaucoup de passion, et oublier cette grande vérité, que le bon sens est après tout le maître de la vie humaine.

Telle est l'école de l'illuminé Mazzini, de Gambetta et des autres, qui veulent coiffer tous les peuples, bon gré mal gré, du bonnet de la république, bien qu'il leur soit impossible d'ignorer que les trois quarts des Européens n'en veulent pas.

Mais quoi qu'il en soit des autres peuples, étudions la question relativement à la France, voyons si elle doit être républicaine ou monarchique. Nous avons vu que la monarchie est en elle-même la meilleure forme de gouvernement ; mais cela ne veut pas dire qu'elle soit pratiquement la meilleure pour toutes les nations, et que la Suisse, par exemple, et les États-Unis d'Amérique doivent l'embrasser. Et bien qu'il soit naturel de désirer que la France, la meilleure des nations, ait aussi le meilleur des gouvernements, gardons-nous bien de tomber dans le défaut que nous signalions tout à l'heure. Examinons.

Il y a trois moyens de connaître si une forme de gouvernement convient à un peuple. Premièrement, est-elle en harmonie avec sa nature? En second lieu, est-elle désirée, voulue par la nation ? Et enfin, quels en sont pour elle les avantages et les inconvénients?

Et d'abord la forme de gouvernement qui convient le mieux à une nation, est évidemment celle qui est la plus conforme à sa nature la plus en harmonie avec elle. La nature d'une nation, c'est son caractère, son tempérament, ses idées, ses mœurs, ses usages, ses coutumes, ses précédents. Et la manière de connaître cette nature et ce tempérament politique, c'est son histoire, son passé. L'histoire d'un peuple n'est pas autre chose que l'expression, la manifestation au dehors de sa vie, de son tempérament, de sa nature. Mais je ne ferai qu'exprimer un fait incontestable, en disant que la France est monarchique dans son histoire, dans son passé. Elle est la plus ancienne nation et la plus ancienne monarchie de l'Europe ; elle a quatorze siècles d'existence et de monarchie. Il s'est accompli dans son sein des révolutions plus ou moins profondes, les diverses phases de son existence nationale et politique se sont déroulées avec plus ou moins de variété, elle a eu des dynasties différentes, l'autorité a été chez elle plus ou moins tempérée et plus ou moins absolue ; elle a subi des crises, elle a traversé des jours mauvais, elle a eu des époques de bonheur et de gloire ; mais il y a une chose qui chez elle a toujours surnagé, a toujours dominé : la monarchie, et cela pendant quatorze siècles. Or assurément une forme de gouvernement ne se maintient pas dans une nation pendant toute la longue durée de son existence sans être en harmonie avec sa nature, sans être conforme à son tempérament national et politique. Un mode de gouvernement qui dure pendant quatorze siècles chez un peuple est un produit naturel de lui-même, c'est une efflorescence de sa nature et de sa vie. Il sort de lui comme une fleur, comme un arbre qui s'élance du sol qui le nourrit. Autrement il faudrait dire qu'une nation a existé pendant quatorze siècles dans un état contre nature, qu'elle a vécu d'une vie factice et qui n'était point la sienne ; ce qui est le comble de l'absurde.

En un mot : le sol de la France a produit et nourri pendant quatorze siècles l'arbre de la monarchie. Il est donc monarchique.

Tous les sophismes, toutes les arguties, tous les petits raisonnements pris de nos crises sociales, de nos républiques, ces exceptions à la règle générale, tout vient se briser là. Examinons du reste ces exceptions : ici comme partout, elles confirment la règle.

Nous avons eu en France, indépendamment de celle où nous sommes actuellement, deux républiques. Or qu'étaient-elles? L'histoire, les circonstances, tout le proclame : des crises sociales, des tempêtes. Mais les crises ne sont pas l'état normal des sociétés, elles sont un état exceptionnel. Les tempêtes ne sont pas l'état habituel de l'atmosphère. Ces crises, ces tempêtes ne changent pas la nature. Elles montrent seulement qu'il y avait en France, et qu'il y a encore, des éléments morbides, un virus révolutionnaire. Mais qui nie qu'il y ait en France des éléments de désordre et de révolution? C'est un motif de plus de travailler à la guérir, et à maintenir son tempérament habituel et normal contre les attaques dont il est l'objet.

C'est en 1789, comme chacun sait, qu'a commencé parmi nous le mouvement révolutionnaire. Or il existe une preuve manifeste, une preuve physique que la crise n'était pas républicaine, que la France ne voulait pas de la république. Tout le monde sait qu'à cette époque les États généraux furent convoqués, et devinrent l'Assemblée nationale. Les députés apportèrent dans ce que l'on appelle les *cahiers* les vœux de la France pour la réforme de l'État. Or tous veulent que dans cette réforme on ne touche pas à la forme monarchique. Une commission fut chargée d'étudier ces cahiers et d'en faire le résumé, qui fut lu à l'Assemblée le 27 juillet 1789 par le rapporteur. Ils sont divisés en deux catégories : les uns veulent que l'on se contente de réformer l'ancienne constitution française en la maintenant; les autres veulent une constitution nouvelle, mais, qu'on le remarque bien, « à l'exception, dit le rapport, du gouvernement et des formes monarchiques, qu'il est dans le cœur de tout Français de chérir et de respecter, et que vos commettants *vous ont ordonné*, dit le rapport aux députés, *qu'ils vous ont ordonné de maintenir*. » Il est impossible, on en conviendra, de parler d'une manière plus claire et plus précise. Le rapport expose ensuite les principes politiques contenus dans les cahiers ; il les partage en deux classes : les uns, qui sont des principes certains et uniformes des cahiers ; les autres, qui sont des questions à résoudre, et sur lesquels ils ne s'accordent pas. Or voici les trois premiers principes extraits de tous les cahiers.

« 1° Le gouvernement français est un gouvernement monarchique.

2° La personne du roi est inviolable et sacrée.

3° La couronne est héréditaire de mâle en mâle » (1).

Voilà la décision de la France ; voilà la base à laquelle l'Assemblée n'avait pas le droit de toucher, pour laquelle elle n'avait aucun mandat, ou plutôt, qu'elle avait le mandat de conserver.

C'est donc un fait, un fait incontestable, un fait matériellement certain : la France n'était pas républicaine, elle ne voulait pas la république. On la lui a imposée.

Il n'y a qu'un mot à dire, relativement à la question qui nous occupe, de la révolution de 1830, et ce mot dit tout. Ceux-là même qui l'ont faite, se sont jetés, par peur de la république, dans une autre monarchie, la monarchie de la famille d'Orléans. Les chefs eux-mêmes de cette révolution ne voulaient donc pas de la république.

Il faut dire la même chose, au moins jusqu'à un certain degré, du mouvement de 48. Ses premiers auteurs furent, comme chacun sait, M. Thiers et M. Odilon Barrot. Trouvant que M. Guizot restait trop longtemps aux affaires, que son ministère se prolongeait outre mesure, ils perdirent

(1) Rapport du comité de constitution contenant le résumé des cahiers, lu à l'Assemblée nationale par M. le comte de Clermont-Tonnerre, dans la séance du 27 juillet 1789.

patience, se mirent à exciter l'opinion et à travailler à le renverser. Seulement ils imprimèrent au mouvement un élan qui les mena beaucoup plus loin qu'ils ne voulaient aller. Le gouvernement parlementaire ne ressemble pas mal à une balance. Le ministère est dans un des plateaux, l'opposition est dans l'autre, et le roi est à cheval au sommet. L'opposition de 48 donna à la bascule un mouvement trop violent : le ministère tomba, le roi tomba, et l'opposition elle-même. Car derrière elle venait le parti révolutionnaire et républicain, les chefs des sociétés secrètes, qui avaient travaillé les ouvriers, et qui les lancèrent à l'assaut du trône. La république fut donc proclamée à l'improviste, sans que la France fût consultée, et elle essaya de vivre. L'essai ne fut pas heureux. Les horribles journées de juin augmentèrent la haine qu'on avait pour elle en France. Et lorsque Louis-Napoléon fut porté à la présidence, puis au trône, par des millions de suffrages, ce fut la chute de la république que l'on acclamait et l'avénement d'une monarchie que l'on croyait solide.

Venons maintenant à la république du 4 septembre. Son histoire est facile à faire. Une guerre commencée d'une manière insensée et sans préparation, conduite au commencement par le chef de l'État d'une manière inepte, amena la catastrophe de Sedan. L'empereur étant prisonnier, la capitale sans garnison, quelques milliers d'hommes conduits par des républicains de nuances diverses, proclamèrent la république, toujours bien entendu sans consulter la France. L'avocat dictateur, Gambetta, conduisit la guerre de manière à nous jeter jusqu'au fond de l'abîme. Et la paix, une paix horrible, était à peine signée, que la république parisienne, autrement dit la Commune, épouvantait la France et le monde par des horreurs que l'on n'avait jamais vues.

Mais enfin, quoi qu'il en soit du passé, la France veut-elle aujourd'hui la république? Elle ne l'a jamais voulue, dans sa très-grande majorité. Mais la veut-elle aujourd'hui? Examinons. Et pour arriver à quelque chose de plus précis, considérons les différentes classes de la société, et voyons si elles sont républicaines.

La plus nombreuse, et dans ce sens la plus importante, et aussi parce que c'est elle qui nourrit les autres et elle-même : ce sont les habitants des campagnes. Sont-ils républicains? Non ; en très-grande majorité ils ne le sont pas ; tout le monde l'avoue, les républicains eux-mêmes. Ils ne veulent pas de la république, parce que son passage a laissé chez eux de trop amers souvenirs, et que le paysan se souvient ; ils n'en veulent pas, car son nom seul répand chez eux la défiance et l'inquiétude. Ils n'en veulent pas, parce qu'ils veulent avant tout l'ordre, la tranquillité et la stabilité, et que ces essais de république ne sont que des aventures. Ils n'en veulent pas, parce qu'ils sont fatigués de ces votes, de ces élections sans cesse répétées dans la république, et dont le résultat le plus clair pour eux est de jeter dans nos villages le trouble et les dissensions. Nos campagnes ne sont donc pas républicaines. Or leurs habitants ont pour eux deux grands avantages : ils ont le nombre et le bon sens. Le nombre, c'est incontestable ; et cette considération doit être d'un grand poids à une époque de suffrage universel. Ils ont le bon sens ; car leur raison, à parler en général, n'est pas encore troublée comme celle d'un bon nombre d'habitants des villes, par des doctrines antireligieuses et antisociales, par les théories impossibles, socialistes et communistes des Proudhon, des Mazzini, des Auguste Comte et de toutes les sociétés secrètes. Et le bon sens est la vraie lumière pratique, il est ou doit être le maître de la vie humaine; il est bien supérieur à ce demi-savoir ridicule qui insulte la raison dans les clubs de nos grandes villes. M. Gambetta se plaint dans son discours-programme de Bordeaux, que « les paysans sont intellectuellement en arrière de quelques siècles sur la partie éclairée du pays (1). » Cette assertion, insultante pour nos campagnes, est très-exagérée. Sans aucun doute une instruction saine, raisonnable, religieuse et morale, est une très-bonne chose. Mais si elle n'est pas religieuse et morale, au lieu d'être la lumière qui éclaire, elle est la flamme qui brûle et dévore.

Le commerce n'aime guère plus la république que l'agriculture, et à peu près pour les mêmes raisons. Il ne croit pas qu'elle puisse lui donner ce dont il a besoin par-dessus tout : la sécurité, la stabilité, l'avenir. Les riches, les bourgeois, en général, ne l'aiment pas non plus, par cette excellente raison qu'ils la redoutent : ils n'ont rien à y gagner, et ils craignent d'avoir à y perdre. Le clergé sans aucun doute sait remplir sa mission divine sous tous les gouvernements, et ce n'est pas lui qui élève les barricades révolutionnaires; mais il n'est pas républicain; ses idées, ses principes, ses goûts, bien que la religion n'impose aucune forme de gouvernement, le portent en général et comme naturellement vers la monarchie. L'armée est également en grande majorité monarchiste, par principe, par habitude et par instinct. Que la noblesse ne soit pas républicaine, c'est plus évident encore : son origine, sa nature, ses principes, ses intérêts, tout lui interdit d'autre désir que celui de la monarchie.

Reste la classe nombreuse des ouvriers qui se divise comme en deux catégories. Il y a les ouvriers honnêtes, laborieux, qui nourrissent et élèvent leur

(1) Discours prononcé à Bordeaux devant le comité républicain, le 26 juin 1871.

famille du fruit de leur travail, et cherchent courageusement et loyalement à améliorer leur position. Ceux-là ne désirent pas la république; ils n'ont pas confiance en elle, et pour les mêmes motifs à peu près que les paysans dont nous avons déjà parlé. Il y a en second lieu, surtout dans les grandes villes, les ouvriers gâtés par l'inconduite, les doctrines irréligieuses et subversives, les ouvriers qui aiment mieux le cabaret que l'atelier, les ouvriers affiliés aux sociétés secrètes, à la franc-maçonnerie, à l'Internationale, les ouvriers sans Dieu et sans religion. Ceux-là sont, je l'avoue, généralement républicains; ils veulent la république, parce qu'ils espèrent trouver dans ses hasards le partage du bien des autres, le pillage ou au moins quelque chance extraordinaire de sortir de leur condition. Il est à noter que tous les mauvais sujets, tous les scélérats, tous les habitués du bagne et des prisons, toute cette classe qui fait la honte de la société, est républicaine. Son opinion a-t-elle une grande valeur ?

Admettons du reste, tant que l'on voudra, qu'il y a un nombre plus ou moins grand de républicains honnêtes, qui voudraient une république sage et honnête comme eux. Mais la très-grande majorité de la France est monarchiste. Or le principe généralement admis aujourd'hui, et spécialement par les républicains, c'est que c'est la volonté de la nation qui fait la légitimité des gouvernements. Donc, puisque la France est monarchiste, c'est la monarchie qui doit être son gouvernement définitif.

Mais arrivons au troisième moyen de connaître le gouvernement qui convient à un peuple. Si la république avait pour la France de grands avantages, si son salut, sa force, sa grandeur et sa gloire étaient dans cette forme de gouvernement, on comprendrait que l'on voulût l'y établir définitivement. Mais en est-il ainsi ?

Ce que l'on doit chercher dans une forme définitive de gouvernement, ce que l'on doit en attendre, c'est la permanence dans l'ordre et la tranquillité, c'est la stabilité de la paix intérieure. Tel est en effet le premier des biens sociaux. Or la république ne nous conduit nullement à ce résultat, elle nous mène au contraire à un résultat tout opposé. Nous l'avons vu en effet, la France est monarchique par sa nature; et de plus, elle ne veut pas, en très-grande majorité, de la république comme gouvernement définitif. Conséquemment elle ne croit point à la permanence de la république : celle-ci laisse donc tout ce monde en suspens, et dans l'attente d'autre chose. Donc pas de paix dans les esprits, pas de stabilité dans les volontés; mais au contraire, l'incertitude et l'inquiétude. La république est un état provisoire qui appelle la monarchie.

La considération seule des relations de la France avec l'étranger, avec le reste de l'Europe, devrait suffire à ceux qui l'aiment pour leur faire rejeter la république et établir la monarchie. La France constituée définitivement en république serait d'abord pour l'Europe en état de suspicion; elle redouterait naturellement qu'elle ne propageât l'esprit révolutionnaire, et qu'elle ne devînt un foyer de républicanisme. En second lieu, nous avons besoin, pour sortir de l'état où nous sommes tombés, non-seulement de nous reconstituer intérieurement, mais aussi de nous faire des alliés. Or les monarchies européennes ne s'allieraient guère à une république. L'Autriche devrait être aujourd'hui notre allié naturel; nous avons le même intérêt : abaisser la Prusse. Mais comment la monarchique Autriche s'unirait-elle à la république française? Au reste, aucune puissance ne croit à l'avenir de la république en France; et c'est pour cela sans doute que les sympathies du gouvernement républicain des États-Unis ont été pour l'Allemagne pendant la dernière guerre.

Il y a une puissance toutefois qui doit désirer et qui désire la permanence de la république parmi nous; c'est la Prusse. Car cette forme de gouvernement nous laisse seuls, isolés, sans alliés, et lui permet ainsi de nous dominer et de dominer l'Europe. Et il y a une forme de gouvernement qu'elle redoute, dont elle ne veut pas pour nous; c'est la monarchie véritable, la monarchie de la branche aînée à laquelle s'unirait la branche d'Orléans. Il y a divers indices de ces sentiments de la Prusse; mais M. de Bismark les a mis hors de doute dans une conversation avec une députation d'industriels alsaciens, dans laquelle entre autres questions, on toucha celle du gouvernement futur de la France. « La fusion des deux branches monarchiques, a dit le prince chancelier, concentrerait autour d'elles les intérêts conservateurs de la France; elle deviendrait une *force sociale avec laquelle nous aurions trop à compter*, car elle prendrait pour base la restauration de ce que la France appelle sa nationalité. C'est là un de ces événements qu'en politique il ne faut pas attendre, mais prévenir. » Voilà ce que la Prusse redoute, la vraie monarchie en France; car là est en grande partie sa force, là est le levier qui doit la mettre en mouvement. On ne saurait refuser à M. de Bismark un coup d'œil pénétrant, une grande sagacité politique. Ici encore, il a vu juste. Il ne veut pas de la véritable monarchie en France. Donc il faut l'y établir. Ce motif seul devrait suffire. Tous ceux qui aiment leur patrie doivent donc travailler à y établir cette monarchie : ceux qui s'y opposent n'aiment pas la France, ou ne savent pas l'aimer; ils sont, qu'ils le veuillent ou non, les amis de Bismark et de la Prusse dont ils font les affaires.

Les partisans de la république lui trouvent un avantage, secondaire sans doute, mais enfin qui a sa valeur. Elle serait, disent-ils, un gouvernement économique, avare des deniers de la France. Je trouve dans les feuilles publiques un tableau des dépenses de nos diverses républiques, qui est la meilleure réponse à cette assertion. Je le mets donc sous les yeux du lecteur.

BILAN DE LA RÉPUBLIQUE.

Première République.

« La première République, qui a duré quinze ans, a coûté à la France 54 milliards 963 millions 641 mille francs.

» Cette somme inouïe se divise ainsi :

» Salaires aux premiers fonctionnaires	231.641.000
» Vente de biens nationaux	3.325.000.000
» Émissions d'assignats	47.000.000.000
» Emprunts forcés	2.000.000.000
» Émissions de mandats	2.407.000.000
	54.963.641.000

» A cette somme il faut ajouter : 27,000 villes, bourgs, villages, hameaux, châteaux, métairies, fermes, détruits, en France ou dans les colonies, par la guerre civile ou l'invasion étrangère, causées, l'une et l'autre, par la « folie furieuse » des Assemblées révolutionnaires.

» Pendant ces quinze années, la France a vu périr par les proscriptions, les guerres intestines et étrangères, les fusillades, les mitraillades, les noyades, la famine, les échafauds, etc., 4 millions 27,000 hommes, femmes et enfants.

Deuxième République.

» En quatre ans la deuxième République a dépensé au moins 7 milliards.

» Nous rappelons pour mémoire : l'impôt des 45 centimes; l'augmentation de la dette publique, qui avait été de 70 millions par an sous la Restauration, de 77 millions par an sous le règne de Louis-Philippe, et s'est élevée, sous la deuxième République, à 179 millions par an, soit 716 millions en quatre ans.

» Le chiffre des hommes tués pendant les insurrections républicaines de février et de juin 1848 peut être évalué à 20,000.

Troisième République (10 mois).

» La troisième République a continué la guerre après Sedan, alors qu'on pouvait conclure une paix acceptable et nécessaire.

» La Prusse demandait la cession de Strasbourg et 1 milliard 500 millions d'indemnité.

» L'orgueil et l'ambition des républicains du 4 septembre nous ont coûté 150,000 hommes morts ou tués, depuis le 4 septembre 1870 jusqu'au 2 février 1871.

» Le républicain Jules Favre, qui ne voulait pas, disait-il, céder « une pierre de nos forteresses, un pouce de notre territoire, » a signé un traité qui donnait à la Prusse l'Alsace et la Lorraine, comprenant 1 million 500,000 habitants.

» La deuxième partie de la guerre (depuis la chute de l'empire) a augmenté notre dette de 7 milliards, dans lesquels nous comprenons le supplément d'indemnité réclamé par la Prusse, à cause de la continuation de la lutte et les dépenses sans contrôle du gouvernement républicain-dictatorial de Gambetta.

» Et il nous est impossible d'évaluer le chiffre même approximatif des villes, des villages ou maisons brûlés, détruits par les Prussiens.

» L'insurrection de la Commune, faite au cri de : Vive la République! et approuvée par beaucoup de républicains de province, a fait périr au moins 30,000 Français.

» Elle a causé la destruction d'une partie des monuments de la ville de Paris.

» Le dommage qu'elle a causé est évalué par les plus modérés à 4 milliards.

» En résumé :

» Pendant les dix-neuf ans et dix mois qu'ils ont mené les affaires de la France, les républicains ont fait périr, par leurs crimes, leur orgueil, leur ambition, leur despotisme, leur incapacité, leur imprévoyance, 4 millions 227,000 Français!

» Ils ont dépensé 71 milliards de francs. »

Soixante et onze milliards en moins de vingt ans. C'est un joli denier, pour un gouvernement économique.

Écartons, avant de terminer ce chapitre, une prétention singulière de certains adeptes de la république qui sont comme les philosophes de la secte. Ils prétendent que leur république est un gouvernement essentiel, qu'il sort de la nature même des choses; que toutes les nations par conséquent doivent l'avoir, et que celles qui ne l'ont pas, sont dans un état contre nature.

Je demande d'abord la permission de leur faire remarquer que depuis qu'il y a des gouvernements, ils ont presque toujours été monarchiques, et que la république a été dans toute la longue série des siècles une exception. Mais voyons le principe sur lequel ils s'appuient.

La souveraineté, disent-ils, et l'autorité sont dans

la nation, c'est elle qui est souveraine, c'est elle qui a l'autorité. Donc il ne faut personne au-dessus d'elle; donc point de monarque, point de souverain. Admettons, si l'on veut, que la souveraineté, l'autorité soient dans la nation. Mais assurément elle a le droit de vouloir, elle peut vouloir confier cette autorité à quelqu'un pour qu'il l'exerce, et cela sous la forme qu'elle voudra, qu'elle croira la meilleure. Or, il y a deux formes d'autorité : celle où elle est confiée à un roi, et celle où elle est exercée par un président, il y a la monarchie et la république. Ce sont là deux formes positives de gouvernement : les peuples peuvent vouloir l'une ou l'autre; et il n'y a point de gouvernement essentiel. La nature des choses repoussé donc, comme l'histoire, la prétention singulière dont nous parlons. Et il est ridicule, du reste, d'avoir tant crié contre la monarchie de droit divin, entendue dans un sens faux, pour vouloir nous imposer, bon gré mal gré, une république de droit divin, dans un sens encore plus faux.

IV.

LA FAMILLE BONAPARTE.

Le gouvernement qui convient le mieux à la France, nous l'avons démontré, c'est la monarchie. Elle convient mieux à sa nature, à son tempérament politique. Elle est dans les vœux de la grande majorité des Français. Elle a pour nous les plus précieux avantages, et la république au contraire les plus graves inconvénients. Le choix, si nous sommes sages, si nous sommes bien inspirés, ne saurait donc être douteux.

Mais qui placer à la tête de cette monarchie? Quelle famille doit monter sur le trône? Il y en a trois qui se présentent, comme chacun le sait : celle des Napoléon, celle des d'Orléans et celle des Bourbons. Quelle est celle qu'il faut appeler?

Il n'est pas besoin, je pense, de longs raisonnements et de nombreuses considérations pour nous convaincre que ce n'est pas la famille Napoléon qui doit remonter sur le trône. Et la raison en est aussi simple que péremptoire ; personne ou à peu près personne n'en veut aujourd'hui en France. Quelques lignes suffiront donc ici à ma tâche, d'autant plus que j'ai peu de goût à attaquer les grandeurs tombées, quelles qu'elles soient ; ce qui est en effet un mauvais genre. Mais toutefois cela ne doit pas nous empêcher de dire la vérité, et elle se présente ici avec un caractère d'évidence qui frappe tous les regards.

L'ex-empereur est tombé à Sedan, mais tombé d'une de ces chutes dont on ne se relève pas. Quand on est à la tête d'une nation de près de quarante millions de sujets, quand on est libre de faire la guerre ou de ne pas la faire, et que sans préparation on s'en va, avec moins de trois cent mille hommes, attaquer une nation parfaitement préparée qui s'avance avec huit cent mille soldats, on commet un acte tel, qu'il est impossible de le qualifier autrement que d'acte de folie. Assurément c'était au chef de l'État à connaître la situation de nos forces, à savoir si nous étions prêts. C'est donc bien lui qui nous a jetés dans l'abîme où nous sommes tombés. Si comme souverain sa conduite a été insensée, comme chef de l'armée elle a été inepte. Éparpiller notre armée le long de nos frontières était un moyen infaillible pour la faire écraser par les masses allemandes. Et tout s'est terminé à Sedan où il s'est rendu lâchement à l'ennemi : le courage a été à la hauteur de la capacité.

Il n'y a qu'un moyen d'excuser l'empereur, c'est de dire que ses facultés intellectuelles étaient atteintes, et c'est ce que plusieurs pensent. Mais alors il faut bien se garder de le rappeler au pouvoir.

Au reste, une restauration bonapartiste n'est pas à craindre. Cette famille n'inspire plus aujourd'hui que deux sentiments : la haine et le mépris ; et c'est justice. Quand une nation a tout donné à un homme, et que celui-ci la jette dans l'abîme où nous sommes, la nation ne sait plus faire que deux choses : elle déteste et elle méprise. Aussi les partisans de la famille Bonaparte n'en veulent plus aujourd'hui. Les habitants des campagnes qui l'ont porté au trône, ne peuvent plus en entendre parler. Elle n'a plus que de rares fidèles. Or l'empereur Napoléon III a toujours professé cette doctrine : que la nation conserve toujours la souveraineté, et que sa volonté peut retirer le pouvoir qu'elle a confié. Mais, pour qui connaît la France d'aujourd'hui, sa volonté n'est pas douteuse. Cette famille est donc condamnée par ses principes mêmes.

Chose triste à dire, la politique du gouvernement tombé à Sedan a été directement opposée aux intérêts de la France. Elle se résume en deux mots : unité par le principe des nationalités. De là, l'unité italienne et l'unité allemande, qui forment à nos portes deux grandes puissances, là où il n'y avait que de petits États. Il était peut-être impossible d'imaginer une politique plus désastreuse pour nous. ussi, elle n'a pas tardé à produire ses conséquenes et à creuser l'abîme où nous sommes tombés.

Je lisais, il y a quelques jours, un ouvrage de Naoléon III, intitulé : *Les Idées napoléoniennes*. Dans et écrit, composé avant son règne, il fait adresser ar Napoléon Ier aux gouvernements de la Restauation et de Louis-Philippe, une série d'accusations ui retombent sur le sien avec une ironie sanglante. 'itons-en quelques-unes :

« Avez-vous apaisé les discordes, réuni les partis utour de l'autel de la patrie ? Avez-vous acquis ux différents pouvoirs de l'État la prépondérance morale que la loi leur concède, et qui est un gage de stabilité ?

» Avez-vous réprimé la corruption, et introduit dans l'administration cette morale sévère et pure, qui rend l'autorité respectable ?

» Avez-vous fait servir l'influence du pouvoir à l'amélioration des mœurs ?

» Avez-vous organisé la garde nationale de telle sorte qu'elle soit une barrière contre l'invasion ?

» Avez-vous assuré à la France des alliés sur lesquels elle puisse compter au jour du danger (1) ? »

Qu'en pense le lecteur ? Est-il possible de mieux écrire soi-même sa condamnation ?

Mais c'est assez nous occuper de cette famille. Aussi bien personne n'en veut plus aujourd'hui.

(1) *Les Idées napoléoniennes,* ch. III.

V.

LA FAMILLE D'ORLÉANS.

On peut et on doit considérer la famille d'Orléans, relativement à la question qui nous occupe, sous deux rapports : en elle-même, seule et séparée du chef de la maison de Bourbon; puis unie à lui et unissant ses efforts aux siens pour le salut et le bonheur de la France. Considérons-la d'abord sous le premier aspect.

Deux principes peuvent être invoqués comme donnant des droits au trône : l'hérédité et l'élection. Le premier se réalise et existe tout vivant dans le prince que chacun connaît, dans le duc de Bordeaux. C'est là un fait que personne ne peut nier, et que personne, je pense, ne songe à nier. Que l'on demande à tout le monde, à tous les Français, quelle que soit leur opinion et le parti politique auquel ils appartiennent, qu'on leur demande, dis-je, qui est-ce qui doit régner en vertu du principe d'hérédité, tous répondront que c'est le duc de Bordeaux. Et la raison en est aussi simple qu'évidente : il est le successeur naturel, légitime et seul survivant du dernier roi de la maison de Bourbon.

Le principe d'hérédité ne peut donc pas être invoqué en faveur de la famille d'Orléans; et elle-même, je pense, ne l'invoque pas. Si donc elle a des droits au trône, elle ne peut les tenir que de l'élection.

C'est en 1830, comme chacun sait, que le chef de cette famille est monté sur le trône de France. Et chacun sait également comment les choses se passèrent. La chambre des députés, circonvenue, lui offrit la couronne, et il l'accepta. Mais la chambre n'avait, à cet égard, aucun pouvoir. Elle n'avait reçu à cet effet aucun mandat de la nation. Et d'un autre côté, aucune coutume, aucune constitution ne donne, en France, aux députés le pouvoir de faire un roi. On ne peut pas invoquer ici l'empire des circonstances, la nécessité. Sans doute la nécessité peut avoir ses droits. Mais évidemment ils ne s'étendent pas au delà de cette nécessité même, puisque c'est elle qui les donne. Or, en août 1830, la nécessité et le droit qu'elle peut donner, consistaient à empêcher la France de tomber dans l'anarchie, dans la guerre civile. Le duc d'Orléans venait d'être nommé, par Charles X et par la Chambre, lieutenant-général du royaume, et il avait la mission de conserver la couronne au duc de Bordeaux. Il était donc, en cette qualité, à la tête de la France; et il avait ainsi sous sa main toutes les forces militaires et tous les pouvoirs pour empêcher et réprimer le désordre et l'anarchie. On devait donc, tout au moins, consulter la nation; car, encore une fois, ceux qui ont élu le roi n'avaient à cet égard aucun pouvoir. Si l'on dit que la nation peut fort bien aujourd'hui appeler cette famille au trône, les chapitres suivants répondront surabondamment.

Mais, hâtons-nous de le dire, cette famille doit être considérée sous un autre aspect. Elle a une noble mission à remplir : elle est appelée à se ranger autour du trône du sauveur de la France. Elle est appelée à l'aider dans l'œuvre de sa régénération. Les princes d'Orléans sont nombreux, pleins de vie, et assurément ils ne demandent pas mieux que de travailler au salut et à la gloire de leur patrie qu'ils aiment. Mais ils voudront aussi travailler *dans l'ordre*, dans l'ordre légitime, et non pas dans l'ordre révolutionnaire. Ce que la Prusse redoute par-dessus tout, M. Bismark l'a dit et j'ai cité déjà ses paroles, c'est l'union des deux branches de la maison de France, c'est la fusion entendue dans son vrai sens, c'est l'union de tous sous le chef de la famille des Bourbons, qui sera aussi le chef de la France. Et pour tous ceux qui aiment leur patrie, pour tous ceux qui pleurent sur ses malheurs, cette crainte seule de la Prusse devrait suffire. Au reste, cette union de la branche cadette à la branche aînée, union qui est dans l'ordre et dans la nature même, est tout à fait favorable aux intérêts bien entendus de la première. Alors, en effet, la famille d'Orléans succède au duc de Bordeaux, à Henri V, en vertu même du principe de légitimité, qui est la sauvegarde des trônes et des peuples. Espérons que les princes d'Orléans ne se laisseront pas séduire par cette perspective trompeuse de mettre les premiers sur leur tête la couronne de France. Ils régneraient alors une seconde fois en vertu du principe révolutionnaire ; et il ne porte pas bonheur. Non, ce n'est pas là ce qu'ils veulent : ils se placeront dans l'ordre, et ils travailleront à la prospérité de la France, sous la direction du grand monarque dont nous allons parler.

VI.

LA FAMILLE DES BOURBONS.

La France, nous l'avons montré, étant monarchique, nous cherchons la famille qui doit monter sur le trône. Or il y en a trois qui y aspirent. Nous en avons éliminé deux, la famille Bonaparte et la famille d'Orléans. Reste l'antique et illustre famille des Bourbons. Etudions-la donc, et voyons si nous avons des motifs de l'appeler de nouveau à nous gouverner.

Tout le monde sait que Hugues Capet est le premier chef couronné de cette famille et de la troisième dynastie française. Ses ancêtres étaient eux-mêmes illustres. Il était fils de Hugues le Grand, duc de France, dont il était le plus puissant seigneur, et qu'il gouverna sous Louis IV et sous Lothaire. Il était petit-fils de Robert le Fort, célèbre par ses exploits guerriers. Un de ses oncles paternels, Eudes, avait même régné quelque temps sur une partie de la France, au détriment de Charles le Simple. Ce serait une opinion tout à fait erronée, et complétement opposée à l'histoire et à la réalité des faits, de s'imaginer que la nation, que la France n'a été pour rien dans l'élévation de cette famille au trône. La France était représentée alors au point de vue politique par deux corps, deux classes, la noblesse et le clergé : le tiers-état ne commença guère à se former que sous Louis le Gros, et ce n'est qu'au commencement du quatorzième siècle, aux États-Généraux de 1302, qu'il fit son apparition officielle sur la scène politique. Or Hugues Capet a été élu roi par les deux corps qui représentaient la nation à l'assemblée de Noyon réunie à cet effet.

Les vraies et grandes dynasties sont marquées au front de deux caractères principaux, elles sont d'origine illustre et elles sont nationales. Nous avons beau affecter la démocratie, nous n'aimons pas à être gouvernés par les premiers venus, et les nations aiment à avoir des maîtres illustres. Il y a à cela une cause profonde, à laquelle on ne réfléchit pas, mais qui n'en est pas moins réelle. L'humanité sent d'instinct que Dieu est son vrai maître, et c'est pour cela qu'elle veut des dieux pour la gouverner. Une dynastie doit être en même temps nationale; elle doit sortir, pour ainsi parler, des entrailles de la nation, être portée au trône par le vœu national, manifesté selon l'usage du temps où elle s'établit. Mais nous venons de rappeler que la famille des Bourbons brille de ce double caractère. Elle est illustre et nationale dans son origine, elle a conservé ce double caractère à travers les âges. Pendant huit cents ans elle a produit des souverains remarquables, et elle a été en même temps aimée et acclamée, nationale et populaire. Quelle belle et grande figure que saint Louis ! Quel n'a pas été l'amour des Français pour Henri IV ? A sa mort, disent les écrivains du temps, chaque famille le pleura comme si elle avait perdu son père. Louis XIV a été l'idole de la France. Louis XV, malgré ses vices, a été appelé le Bien-Aimé. L'infortuné Louis XVI lui-même était chéri de son peuple, Charles X l'était aussi et son petit-fils le sera bientôt, car il viendra sauver la France et lui rendre sa splendeur.

On peut dire, sans exagération aucune et dans un sens très-vrai, que c'est la dynastie capétienne qui a fait la France ce qu'elle est, qui lui a donné son unité et sa force. On a peine à croire aujourd'hui ce qu'était le royaume de France, le domaine de la couronne, sous Louis V, le dernier roi de la famille carlovingienne. Reims, Laon et leur territoire, voilà les immenses États que ce pauvre prince avait à gouverner. Sans doute les ducs et les comtes qui détenaient le reste de la France étaient ses vassaux. Mais chacun d'eux était plus puissant que le roi, C'était le duc de France qui possédait Paris, l'Ile de France, l'Orléanais, la Picardie, et qui allait bientôt monter sur le trône sous le nom d'Hugues Capet ; c'était le comte de Flandre, les ducs de Normandie et de Bretagne, les ducs de Bourgogne, de Gascogne et d'Aquitaine, le comte de Toulouse, et les autres. « L'histoire de mes ancêtres, a dit le duc de Bordeaux, est l'histoire de la grandeur progressive de la France (1). » Rien n'est plus vrai, et il faut le proclamer hautement : citons quelques faits. Philippe-Auguste, aïeul de saint Louis, réunit à la couronne, à laquelle Hugues Capet avait commencé à rendre son éclat, la Normandie, l'Anjou, le Maine, la Touraine, le Poitou, l'Auvergne, et d'autres provinces ; c'est donc avec raison qu'il a été appelé le *père de la patrie* et décoré du nom d'*Auguste*. Louis VIII, son fils et père de saint Louis, conquit et rattacha à la couronne Avignon et une partie du Midi de la France. Louis XI y rattacha la Bourgogne et d'autres provinces ; Charles VIII la Bretagne. Henri II con-

(1) Manifeste contre l'empire, 25 octobre 1852.

quit sur l'Allemagne Toul, Verdun et Metz que Charles-Quint essaya vainement de reprendre, mais qui vient de nous être ravi dans une guerre insensée. Henri IV, le grand et bon Henri, réunit à la couronne de France la Navarre, le Béarn, les duchés d'Alençon, de Vendôme, d'Albret, de Rouergue et les pays de Foix et d'Armagnac. Louis XIII nous a donné l'Artois et le Roussillon, Louis XIV la Flandre et la Franche-Comté, et Louis XV la Lorraine. Ajoutons que c'est sous la maison de Bourbon que la France a conquis presque toutes ses colonies, et en dernier lieu cette magnifique Algérie, qui fut comme le cadeau des adieux.

C'est donc un fait que personne ne peut nier : c'est la dynastie capétienne, et spécialement la maison de Bourbon, qui a donné à la France son unité, sa grandeur et sa force. C'est elle qui l'a faite ; c'est elle qui la refera; elle qui la retirera de l'abîme où elle est tombée, elle qui la reconstituera au dedans, et lui rendra au dehors sa puissance et sa gloire.

La France est monarchique, nous l'avons démontré. Il lui faut donc une dynastie. Et il est naturel et juste qu'elle choisisse celle qui l'a faite ce qu'elle est. Or, nous venons de le voir, c'est la maison de Bourbon. Il est aussi naturel et juste qu'elle prenne pour la gouverner la dynastie la plus illustre. Or c'est la maison de Bourbon qui est la dynastie la plus ancienne et la plus illustre de l'univers.

Il y a un fait bien triste, et qui doit faire gémir tous ceux qui aiment la France. Depuis quatre-vingts ans elle vogue sur les ondes comme un vaisseau au milieu des tempêtes; et il est prodigieux qu'elle n'ait pas encore été engloutie. Nous changeons de gouvernement tous les quinze ans et de constitution plus souvent encore. Nous allons de la monarchie à la république, de la république à l'empire, de l'empire à la monarchie, de la monarchie à la république, de la république à l'empire, et enfin de l'empire à la république actuelle. D'où cela vient-il ? D'où vient que nous ne pouvons nous fixer nulle part ? Il nous manque une chose, un principe : la monarchie véritable, la monarchie héréditaire et traditionnelle, qui maintient depuis longtemps dans le calme et la paix intérieure les autres puissances. Voilà le remède à nos maux. Si nous ne revenons pas à ce principe, si nous ne savons pas nous y fixer, nous reprendrons notre course insensée, nous nous en irons de nouveau à l'aventure, comme un navire sans boussole et sans pilote, et puis nous périrons. Le duc de Bordeaux l'a dit avec beaucoup de raison et de justesse : « Hors de la monarchie héréditaire, il n'y a ni repos, ni grandeur, ni prospérité durables pour le pays, condamné par une nécessité fatale à passer incessamment de la licence à l'oppression, de l'anarchie au despotisme (1). » Revenons donc à la monarchie héréditaire : là est pour nous le salut, là est pour nous l'avenir.

Si nous considérons la France dans ses relations extérieures, nous trouvons que dans les circonstances présentes, l'autorité qui doit la gouverner a deux fonctions à remplir : rassurer l'Europe et nous faire reprendre notre rang dans le monde. Or, la famille des Bourbons est éminemment propre à exercer cette double mission. Ses précédents, ses traditions, ses doctrines, tout en elle est de nature à rassurer l'Europe contre le débordement des passions révolutionnaires et démagogiques, en tant qu'il partirait de la France ou serait soutenu par elle. En second lieu, elle est, nous l'avons dit déjà, et c'est un fait, la plus ancienne et la plus illustre maison royale de l'Europe. Or, cela est beaucoup en face des puissances étrangères, cela leur donne estime et confiance ;

(1) Lettre du 28 février 1852.

cela nous facilite et nous prépare une alliance qui est nécessaire à notre résurrection et en face de l'immense lutte qui s'annonce entre une partie de l'Europe et l'autre. La France et l'Autriche doivent s'unir pour sauver la liberté de l'Europe et du catholicisme. Or la maison de Bourbon est évidemment la plus propre à réaliser cette alliance, qui contribuera à nous relever de nos ruines et à nous faire reprendre notre place en Europe. Les sympathies uniront les deux familles et les intérêts uniront les deux nations.

Il y a en France deux principes politiques qui divisent les esprits : l'hérédité et l'élection. Je n'examine pas s'ils sont opposés entre eux, ou si plutôt ils ne se confondent pas dans l'origine; je les prends comme un fait, et c'en est un : la France tout entière est rangée sous ce double principe. Les uns arborent la bannière de la légitimité, les autres le drapeau de l'élection. Il faut donc, pour établir l'union en France, autant que cela est possible, il faut unir ces deux principes, il faut les fondre en un seul. Je ne parle pas d'une union, d'une fusion doctrinale, je reste dans les faits. Il faut unir en fait ces deux principes; il faut trouver quelqu'un qui les réunisse en lui-même, et travailler ainsi à réaliser, autant que faire se peut, l'union des esprits et des cœurs.

Mais d'abord, quant au principe de légitimité, d'hérédité traditionnelle, il n'y a aucune difficulté; les choses parlent d'elles-mêmes et les noms vont tout seuls. Il y a une famille, et il n'y en a qu'une, dans laquelle ce principe soit réalisé; c'est la famille des Bourbons, c'est le duc de Bordeaux. Mais faut-il sacrifier l'autre opinion, faut-il que les partisans de l'élection se sacrifient eux-mêmes? Cela n'est nullement nécessaire. Il suffit d'appeler le duc de Bordeaux, qui réalisera ainsi en sa personne les deux principes, et la France aura un souverain de son choix. Or nous allons voir, dans les chapitres suivants, que ce prince a toutes les qualités qui méritent qu'on l'appelle, les qualités qui font les bons et les grands rois, et qui sauveront la France.

VII

LE DUC DE BORDEAUX.

La France, nous l'avons vu, doit revenir au principe de la véritable monarchie ; elle doit rappeler la famille qui l'a faite, en grande partie, ce qu'elle est, qui lui a donné son unité, sa grandeur et sa force. Mais le prince en qui ce principe est comme incarné, est-il digne de le porter ? Est-il digne de la France ? Est-il le sauveur qui la relèvera de ses ruines et lui rendra sa force et sa gloire ?

Quand on étudie le duc de Bordeaux, sa naissance, sa vie, sa personne, les temps et les circonstances, la première chose qui frappe, c'est sa prédestination. Ce caractère, cette marque du doigt de Dieu est visible dès le premier instant de son existence et dans toute sa carrière, et ce ne sont pas seulement ses amis qui la signalent. A sa naissance, le nonce du Pape, parlant au nom du corps diplomatique, l'appelle l'*enfant de l'Europe*. Au moment où la branche aînée partait pour l'exil, un des commissaires qui l'accompagnaient dit à Charles X en le quittant et en lui montrant le duc de Bordeaux : « Sire, conservez bien cet enfant, peut-être un jour

» il terminera nos discordes. » Quelques années plus tard, à l'âge de dix-huit ans, il faisait visite à l'archiduc Michel, frère de l'empereur d'Autriche: « Je suis sûr, dit l'archiduc à ses officiers, après le » départ du prince, je suis sûr que vous avez res- » senti ce que j'ai ressenti moi-même auprès de ce » jeune homme: il y a en lui quelque chose d'ex- » traordinaire; on dirait que la main de Dieu est » sur sa tête. » Le comte de Flahaut, alors serviteur dévoué de la famille d'Orléans, après avoir étudié le prince lors de son séjour à Rome en 1839, laissa échapper ces paroles: « Deux choses frap- » pent en lui, un air de grandeur et de prédestina- » tion. » Les personnages les plus compétents, ceux que leur sagacité et leur expérience ont rendus habiles à deviner les hommes, entre autres le prince de Metternich et le cardinal Bernetti, ont porté sur le duc de Bordeaux le même jugement; et la Providence s'apprête à le justifier.

L'éducation du prince a été ce qu'elle devait être, c'est-à-dire propre à former un homme d'abord, puis un roi. Les précepteurs des princes font bien souvent le contraire, au détriment des peuples. Cette éducation a été à la fois large et forte. Les hommes les plus capables ont été appelés à y concourir, chacun dans sa spécialité. Mgr Frassynous, l'un des orateurs et des écrivains les plus distingués de l'époque, a dirigé la partie religieuse et philosophique (1);

(1) Voici ce qu'il écrivait à un ami, avant de partir pour remplir la mission qu'il venait d'accepter: « Si l'on croit que je veux élever le jeune prince dans la seule idée qu'il doit régner un jour, on se trompe. Je veux en faire avant tout un homme, un chrétien qui puisse et sache supporter la bonne comme la mauvaise fortune. Je lui dirai: « Il importe peu que vous soyez » roi; Dieu en décidera. Mais ce qui importe, c'est que si vous » n'êtes pas sur le trône, chacun voie et sente que vous êtes » digne d'y monter. »

M. Cauchy, l'un des premiers mathématiciens de l'Europe, la partie scientifique. Plusieurs notabilités militaires enseignèrent au duc de Bordeaux l'art de la guerre. Le prince expliquait un jour un plan de bataille devant un auditoire d'élite, et mettait en mouvement du geste et de la voix les bataillons français, lorsque arrivé au moment décisif, il s'écria : « En avant, en avant! » avec un tel accent que les auditeurs électrisés se levèrent instinctivement comme pour le suivre. Son intelligence militaire a été très-remarquée en différentes circonstances, notamment lorsqu'il alla étudier sur les lieux les principaux champs de bataille de l'empire. Il étudia spécialement celui d'Austerlitz, ceux de Leipsick et de Dresde avec le général de Latour-Foissac qui s'y trouvait; ceux de Wagram et d'Essling avec le maréchal de Raguse, qui y commandait un corps d'armée. La marine fut aussi l'objet des travaux du prince, et les trois mois qu'il passa à Venise, à la fin de son éducation, furent consacrés spécialement, avec l'amiral Villaret-Joyeuse, à des études pratiques de cet art difficile. Rien, en un mot, ne fut négligé de ce qui pouvait être utile à un roi appelé à gouverner une grande nation.

Le cœur du duc de Bordeaux, ses idées, ses goûts, ses habitudes, tout est français. Toujours il a été et voulu être entouré de Français. Sa plus grande joie sur la terre étrangère était d'en être visité. Jamais, disait-il à Rome le premier janvier 1840, dans les salons du palais Conti qu'il habitait et où plus de deux cents Français étaient venus lui apporter leurs hommages, jamais je n'ai respiré plus à l'aise, jamais mon cœur n'a mieux battu; tout ce monde venu de France m'a apporté l'air de la patrie. » « Je suis si heureux, disait-il à Londres en 1843, de me trouver au milieu des Français! » Il les accueillit en effet à cette époque, au nombre de plus de deux mille, avec une sorte d'amour fraternel et une noble simplicité. » Ce n'est que pour les Anglais, disaient les visiteurs d'alors, qu'il conserve ce grand air qui rappelle Louis XIV. » Il a acquis toutefois une connaissance sérieuse des nations étrangères où son exil l'a conduit, et spécialement de l'Allemagne; connaissance qui ne peut être que fort utile sur le trône.

La couronne de France a bien assurément quelque chose de tentant, et aujourd'hui spécialement, pour une âme généreuse qui aime sa patrie et qui veut la relever de ses ruines. Mais il y a un moyen de mettre cette couronne sur sa tête que le prince a toujours repoussé de toute son âme : l'intervention étrangère. Sa mère disait à Berryer, au moment de commencer la tentative de 1832 dont le grand orateur voulait la détourner : « J'emporterai mon fils dans les montagnes de la Calabre, plutôt que de le voir revenir dans les bras de l'étranger. » Tels sont les sentiments du prince cent fois manifestés. Le duc de Clermont-Tonnerre, qui lui avait fait visite sur la terre d'exil, lui dit en le quittant qu'il espérait le revoir bientôt en France : « Par la France ou jamais, » lui répondit le prince. Sa maxime favorite est celle-ci : Tout pour la France et par la France. »

Personne ne sera surpris de trouver dans le duc de Bordeaux une exquise bonté, unie toutefois à une grande fermeté de caractère. Mais cette bonté n'est jamais plus vraie et plus touchante que lorsqu'elle met le prince en relation avec la classe laborieuse et pauvre. Parmi les nombreux enfants de la France, qui le visitèrent dans son exil, ceux qui appartiennent au peuple étaient reçus avec une sorte de prédilection. A Rome, il fit dîner à sa table un simple menuisier. A Londres, on lui apprit qu'un Français qui se trouvait, disait-il, dans une position trop humble pour oser demander à lui être présenté, avait désiré qu'on lui offrît du moins l'hommage de son respect et de son dévouement. « Je veux le voir, répondit le prince, qu'importe l'habit? Il ne sera pas dit qu'un Français ait voulu me voir et ne l'ait pas pu. » Et il l'accueillit, en effet, avec une affabilité charmante. Dans un village d'Allemagne, il rencontra un jour un prêtre conduisant presque seul à sa dernière demeure un pauvre inconnu. Le prince se place à l'instant, avec le compagnon de sa promenade, derrière le cercueil, le suit jusqu'au cimetière, et ne se retire qu'après la cérémonie terminée. Le moyen d'améliorer le sort des classes pauvres a été un des objets particuliers de ses études, et il a suivi avec sollicitude toutes les idées émises à cet égard. M. de Bourgoing lui ayant fait hommage d'un livre qu'il avait publié sur cette matière, le prince l'en remercia par un billet autographe où il lui disait : « Tout ce qui traite de l'amélioration du sort des classes indigentes mérite toute mon attention; c'est le sujet constant de mes études. » Et il n'a pas manqué, toutes les fois qu'il l'a pu, d'unir la pratique à la théorie par des dons destinés à soulager les misères publiques, dons qui ont été quelquefois refusés par le gouvernement, comme si la charité était une affaire politique. L'année 1846 fut une année de disette pour la France. Voici ce que le prince écrivait à son intendant à cette occasion. « En pensant à la cherté des subsistances et aux justes craintes qu'elle inspire pour la saison rigoureuse où nous allons entrer, j'ai cherché comment je pourrais contribuer au soulagement de la misère publique. Il m'a paru que le meilleur emploi à faire des sommes dont je pouvais disposer, c'est de les consacrer à établir à Chambord et dans les forêts qui m'appartiennent encore, des ateliers de charité, qui offrant aux habitants pauvres de ces contrées un travail assuré pendant l'hiver prochain, leur fournissent les moyens de pourvoir à leurs besoins et à ceux de leurs familles. Je vous charge donc de prendre des mesures nécessaires pour l'exécution de ce projet. »

On voit suffisamment, par ce qui précède, que le duc de Bordeaux sur le trône sera ce qu'on appelle un bon roi, un roi qui aimera son peuple, et qui en sera aimé, car l'amour attire l'amour. « Si la Providence m'appelle à régner un jour, écrivait-il en 1850, je ne serai pas le roi d'une classe, mais le roi ou plutôt *le père de tous* (1). » Son amour de la France se manifeste de toutes manières. C'est elle qu'il place au-dessus de tout et à laquelle il se donne tout entier. « Si la France, écrit-il, lasse enfin de toutes ses expériences qui n'aboutissent qu'à la tenir perpétuellement suspendue sur un abîme, tourne vers moi ses regards et prononce elle-même mon nom comme un gage de sécurité et de salut, comme la garantie véritable des droits et de la liberté de tous, qu'elle se souvienne alors que mon bras, que mon cœur, que ma vie, que tout est à elle, et qu'elle peut toujours compter sur moi... Mes devoirs envers la France seront toujours la règle essentielle de ma conduite. Tout ce qui peut contribuer à la sécurité, au bonheur, à la gloire de notre pays, je suis prêt à l'accomplir sans hésitation, sans arrière-pensée. Tous les événements passés disparaissent pour moi en présence des hauts intérêts de la France, qu'il s'agit de sauver au bord d'un effroyable abîme (2). » Hélas, nous ne sommes plus seulement au bord de l'abîme; nous y sommes tombés. Et voilà la main qui nous est tendue, et qui nous relèvera.

Il fut un temps où les rois étaient non-seulement respectés et obéis, mais aimés et chéris des peuples.

(1) 22 décembre 1850.
(2) 1er juin et 5 octobre 1848.

Aujourd'hui, on les supporte à peine comme une nécessité sociale, j'allais dire comme un mal nécessaire. Aussi les renvoie-t-on avec un sans-façon merveilleux. On gémit en France, et on a bien raison, de cette instabilité des gouvernements et des trônes, que les révolutions jettent bas avec une facilité qui tient du prodige; et on cherche remède a ce mal désastreux, une solution à cette difficulté désespérante. La véritable solution est en grande partie dans le rétablissement de ce lien d'amour, de ce lien du cœur qui unissait les peuples aux rois et les rois aux peuples. Lorsque en effet, on n'est attaché à un homme que par l'intelligence, par le besoin que l'on en a, on ne le renvoie pas sans doute, mais on le laisse partir assez facilement. Quand au contraire on l'aime réellement, qu'on lui est attaché par le cœur, non-seulement on ne le renvoie pas, mais on le retient, on l'empêche de partir, on fait tout pour le conserver. Ce n'est pas seulement avec de la sagesse politique qu'on fonde un trône, une dynastie; il y faut l'amour. Avec ces deux éléments l'édifice est solide. Nos historiens français ont conservé une expression populaire qui est toute une révélation. Quand les agents, les employés du gouvernement, les seigneurs faisaient quelque injustice au peuple, ceux qui en souffraient disaient : « Ah! si le roi le savait. » Voilà l'idée que l'on avait du roi, celle d'un père qui aime ses sujets comme ses enfants. Aussi comme il était aimé lui-même! Combien Henri IV ne l'a-t-il pas été? Henri V le sera un jour, et bientôt. Son précepteur Mgr de Frayssinous, qui avait de lui la plus haute estime, lui dit en le quittant, son éducation achevée : « Si vous êtes roi vous serez aimé; si vous ne l'êtes pas vous serez regretté. » C'est la première hypothèse qui se réalisera pour le bonheur et la gloire de la France.

Nous verrons dans les chapitres suivants ce que pense le duc de Bordeaux sur les principales questions qu'il aura à résoudre, nous verrons quelles sont ses doctrines : terminons celui-ci par un mot de Chateaubriand, qui le résume. Le prince lui écrivait de Londres en 1843 : « Dites à la France tout ce qu'il y a dans mon cœur d'amour pour elle. J'aime à prendre pour mon interprète cette voix qui lui est si chère, et qui a si glorieusement défendu les principes monarchiques et les libertés nationales. » Chateaubriand lui répondit : « Je salue avec des larmes de joie l'avenir que vous annoncez. »

VIII.

LES IDÉES POLITIQUES DU DUC DE BORDEAUX ET LES IDÉES MODERNES.

Il est souverainement à désirer qu'entre le prince appelé à gouverner une nation et cette nation elle-même il y ait une certaine conformité d'idées, une certaine harmonie de sentiments. Or, parmi les adversaires du duc de Bordeaux, parmi ceux qui sont opposés à son avénement au trône, presque tous prétendent qu'il y a incompatibilité entre les idées politiques du prince et les idées modernes, c'est-à-dire les idées généralement admises aujourd'hui. Car, il faut le remarquer d'abord, il y a idées modernes et idées modernes : les idées subversives de l'*Internationale* et de la *Commune* de Paris sont des idées modernes, et cependant aucun honnête homme ne voudrait les partager. Je parle donc des idées politiques généralement admises parmi les honnêtes gens, et spécialement parmi les classes intelligentes de la société. Or il est facile de montrer que l'incompatibilité que l'on objecte, fruit des préjugés, n'existe pas, et qu'il y a au contraire conformité et harmonie.

Le premier principe politique généralement admis, c'est que l'on ne veut pas de gouvernement absolu : on veut une monarchie tempérée, environnée d'institutions modératrices du pouvoir, et où une sage liberté soit unie à l'autorité ; on veut un gouvernement représentatif. Nous avons montré nous-mêmes du reste que le meilleur gouvernement est la monarchie tempérée.

Écoutons maintenant le duc de Bordeaux. Citons quelques-unes des manifestations de sa pensée.

« Je n'ai rien à ajouter, écrit-il, le 12 mai 1856, aux nombreuses manifestations quej'ai faites de mes dispositions. Elles sont toujours les mêmes et ne changeront jamais. Exclusion de tout arbitraire ; le règne et le respect des lois ; l'honnêteté et le droit partout ; le pays sincèrement représenté, votant l'impôt et concourant à la confection des lois ; les dépenses sévèrement contrôlées, la propriété, la liberté individuelle et religieuse, inviolables et sacrées, l'administration communale et départementale sagement et progressivement décentralisée ; le libre accès pour tous aux honneurs et aux avantages sociaux : telles sont à mes yeux les véritables garanties d'un bon gouvernement ; et tout mon désir est de pouvoir un jour me dévouer tout entier à l'établir en France. »

Dans sa lettre célèbre adressée le 8 mai 1871 à un député, il s'exprime ainsi : « Ce que je demande, vous le savez, c'est de travailler à la régénération du pays ; c'est de donner l'essor à toutes ses aspirations légitimes ; c'est, à la tête de toute la maison de France, de présider à ses destinées, en soumettant avec confiance les actes du gouvernement au sérieux contrôle de représentants librement élus. »

Dans son manifeste à la France daté de Chambord le 5 juillet 1871, il écrit : « Dieu aidant, nous fonderons ensemble, et quand vous le voudrez, sur les larges assises de la décentralisation administrative et des franchises sociales, un gouvernement conforme aux besoins réels du pays. Nous donnerons pour garantie à ces libertés publiques auxquelles tout peuple chrétien a droit, le suffrage universel honnêtement pratiqué, et le contrôle des deux chambres. »

La pensée du duc de Bordeaux est donc manifeste : il veut l'union de l'autorité et de la liberté ; il veut la monarchie tempérée, environnée d'institutions modératrices du pouvoir. Il n'y a donc sous ce rapport aucune difficulté ; l'harmonie règne entre le prince et la France. Or ce premier point contient de quelque manière tous les autres, car le gouvernement représentatif est le moyen d'obtenir ou de conserver toutes les libertés raisonnables. Entrons toutefois dans quelques détails.

Il y a trois libertés particulières auxquelles la France paraît tenir par-dessus toutes les autres : l'égalité devant la loi, la liberté de conscience (1), l'accès de tous à tous les emplois. Or le comte de Chambord a dit et répété qu'il admet, qu'il veut ces libertés. Rappelons quelques-unes de ses paroles.

Il écrivait à Berryer le 23 janvier 1851 : « L'égalité devant la loi, la liberté de conscience, le libre accès pour tous les mérites à tous les emplois, à tous les honneurs, à tous les avantages sociaux, tous ces grands principes d'une société éclairée et chrétienne me sont chers et sacrés comme à vous, comme à tous les Français. »

(1) La liberté de conscience peut être entendue de différentes manières, au point de vue doctrinal et au point de vue pratique. Il va sans dire que je l'entends dans le sens où elle peut être admise catholiquement. J'ai, du reste, traité ailleurs cette question (V. *L'Église, l'Encyclique du 8 décembre et la Liberté*), et ce n'est pas le cas d'y revenir ici.

Dans la lettre déjà citée, adressée le 8 mai 1871 à un député, nous lisons ce qui suit :

« Combattez avec énergie les erreurs et les préventions, qui trouvent un accès trop facile jusque dans les âmes les plus généreuses...

» On dit que la monarchie traditionnelle est incompatible avec l'égalité de tous devant la loi.

» Répétez bien que je n'ignore pas à ce point les leçons de l'histoire et les conditions de la vie des peuples. Comment tolérerais-je des priviléges pour d'autres, moi qui ne demande que celui de consacrer tous les instants de ma vie à la sécurité et au bonheur de la France, et d'être toujours à la peine avant d'être avec elle à l'honneur ? »

Combien de fois n'entend-on pas dire et répéter, que le duc de Bordeaux ne sera pas l'homme de son temps, qu'il ne comprend pas la société actuelle, et autres choses semblables.

Remarquons d'abord que ceux qui le disent, n'en savent rien du tout ; ce sont là de simples préjugés. Mais entendons sur cette question le prince lui-même:

« J'ai employé les longues années de mon exil à étudier les hommes et les choses. Je comprends les conditions que le temps et les événements ont faites à la société actuelle ; je reconnais les intérêts nouveaux, qui de toutes parts se sont créés en France, et le rang social que se sont légitimement acquis l'intelligence et la capacité. Si la France m'appelle sur le trône, je prouverai, je l'espère, que je connais l'étendue et la hauteur de mes devoirs. Exempt de préjugés, loin de me renfermer dans un esprit étroit d'exclusion, je m'efforcerai de faire concourir tous les talents, tous les caractères élevés, toutes les forces intellectuelles de tous les Français à la prospérité et à la gloire de la France (1). »

(1) Lettre du 5 octobre 1848.

Quelques années plus tard il écrivait encore :

« Dépositaire du principe fondamental de la monarchie, je sais que cette monarchie ne répondrait pas à tous les besoins de la France, si elle n'était en harmonie avec son état social, ses mœurs, ses intérêts, et si la France n'en reconnaissait et n'en acceptait avec confiance la nécessité. Je respecte mon pays autant que je l'aime (1). »

« Je suis, a-t-il dit encore dans son manifeste à la France, je suis et veux être de mon temps (2). »

Mais, dit-on, le comte de Chambord serait un roi de l'ancien régime, le roi d'une caste, le roi d'un parti, le roi des nobles ; et la France veut un prince qui soit le roi de tous.

Ce que nous avons dit et cité jusqu'ici répond suffisamment à ces assertions gratuites, Toutefois, citons encore; la pensée du prince ne saurait être trop connue :

« Partout et toujours je me suis montré accessible aux Français, sans distinction de classes et de conditions. Comment pourrait-on me soupçonner de ne vouloir être que le roi d'une caste privilégiée, ou, pour employer les termes dont on se sert, le roi de l'ancien régime, de l'ancienne noblesse, de l'ancienne cour (3)? »

« L'ignorance ou la crédulité ont parlé de priviléges, d'absolutisme et d'intolérance, que sais-je encore? de dîmes, de droits féodaux, — fantômes que la plus audacieuse mauvaise foi essaie de ressusciter (4). »

« Si jamais la Providence m'ouvre les portes de la France, je ne veux pas être le roi d'une classe ni

(1) Lettre du 23 janvier 1851.
(2) Manifeste du 5 juillet 1871.
(3) Lettre du 22 décembre 1850.
(4) Manifeste daté de Chambord, 5 juillet 1871.

d'un parti, mais le roi de tous. Le mérite et les services seront les seules distinctions à mes yeux (1). »

Enfin dans sa lettre à un député, du 8 mai 1871, il écrit : « Je ne suis point un parti, et je ne veux pas revenir pour régner par un parti. Je n'ai ni injure à venger, ni ennemi à écarter, ni fortune à refaire, sauf celle de la France ; et je puis choisir partout les ouvriers qui voudront loyalement s'associer à ce grand ouvrage. »

Il est impossible, on en conviendra, de parler un langage plus clair et plus péremptoire, et en même temps plus noble et plus royal.

Toutes les questions du reste qui préoccupent les esprits sérieux dans les temps modernes, et dont la solution importe si fort à la prospérité, au bonheur et à la gloire de la France, ont été l'objet des études du prince et de ses méditations dans les longues années de son exil.

Parmi ces questions, celle de la décentralisation administrative occupe une large place dans les pensées, les écrits du comte de Chambord ; et c'est justice.

Les avantages de cette décentralisation sont considérables et les inconvénients du contraire sont nombreux. L'autonomie administrative, sagement réglée, développe dans la nation l'intelligence des affaires : elle est comme une grande école où toutes les classes de la société s'exercent à la vie civile et publique ; elle élève le niveau intellectuel de la nation ; elle prépare les hommes politiques qui devront participer au gouvernement de leur pays. La centralisation au contraire enlève à la plus grande partie de la nation la connaissance et l'intelligence des affaires et affaiblit chez elle l'amour des intérêts généraux. L'autonomie forme les mœurs publiques et sociales ; elle développe les vertus civiles ; elle fait naître les

(1) Lettre du 26 août 1844.

dévouements qui sont l'ornement de l'humanité et quelquefois le salut des nations; elle fait circuler dans les veines du corps social le mouvement et la vie. Au contraire, la centralisation étouffe les vertus civiques, éteint la vie publique, et fait de toute une grande nation comme une immense machine où tout est artificiel et matériel. L'autonomie développe l'esprit d'association, unit les individus et les intérêts, forme et conserve l'esprit de tradition, et donne ainsi au pays plus d'union, de consistance, de stabilité et de force réelle. La centralisation laisse les individus isolés, détruit l'esprit d'initiative, d'association, d'entreprise et de tradition, et affaiblit les nations.

La décentralisation administrative dont nous parlons, bien loin d'être nuisible à l'autorité, au gouvernement, lui est au contraire favorable. Sans doute le pouvoir en France doit être fort; mais ce qui fait sa force, c'est l'unité ou la centralisation politique, c'est-à-dire, l'unité de politique générale, l'unité législative, l'unité ou plutôt l'égalité d'impôts, l'unité judiciaire et l'unité militaire : mais la centralisation administrative est un excès de pouvoir, une surcharge qui affaiblit au lieu de fortifier. Le corps social est semblable au corps humain, il faut que dans celui-ci la vie, le sang, les forces soient distribués dans toutes les parties, dans tous les organes. S'il en est ainsi, si la vie est répartie harmonieusement, le corps est et demeure robuste et fort; si au contraire tout se porte à la tête, il est facilement frappé d'apoplexie. Dans l'homme la tête ne fait pas tout; elle voit, elle considère, elle surveille, elle dirige; mais elle laisse agir. C'est là la loi de la nature et de la Providence dans le corps social comme dans le corps humain.

Ces idées sont familières au duc de Bordeaux. En 1862, il engageait une commission, formée d'hommes spéciaux, à l'examen de tout ce qui se rattache à cette question, et traçait lui-même d'une main sûre le programme à suivre. Il veut : « que l'on décentralise l'administration largement, mais progressivement et avec prudence... » Il veut « qu'on rende cette administration plus expéditive, plus simple, moins dispendieuse... » Cette décentralisation doit « entretenir par un concours incessant l'émulation du dévouement, de l'intelligence et de l'activité dans des carrières constamment ouvertes à tous ; » elle doit régler et organiser la démocratie, et préserver ainsi l'ordre social des périls auxquels elle pourrait l'exposer ; » elle doit donner à la France une vie pleine, active, régulière, et créer les mœurs politiques sans lesquelles les meilleures institutions se dégradent et tombent en ruine... Alors les assemblées politiques, sorties pour ainsi dire des entrailles mêmes de la nation, aideraient le gouvernement à remplir sa haute mission, en lui apportant avec leur utile concours un contrôle aussi intelligent que dévoué. »

Je ne finirais pas si je voulais parler de toutes les questions traitées par le duc de Bordeaux : de l'enseignement, « un des plus sûrs moyens, dit-il, de remédier aux maux présents de la France et de lui préparer un meilleur avenir ; » de la question ouvrière : « l'opinion publique, écrivait-il en 1865, a le pressentiment d'une crise prochaine ; les ouvriers le partagent, et l'expression de leurs vœux après l'exposition de Londres suffit pour nous en convaincre... » Deux éléments, aux yeux du prince, doivent entrer dans la solution de cette question : « en résumé, écrit-il, droit d'association sous la surveillance de l'État, et avec le concours de cette multitude d'œuvres admirables, fruits précieux des vertus évangéliques ; tels sont les principes qui semblent devoir servir efficacement à délier le nœud si compliqué de la question ouvrière. »

Veut-on savoir comment le comte de Chambord entend les relations de l'Église et de l'État? Il résume en ces termes sa pensée sur ce point si important : « Pleine liberté de l'Église dans les choses spirituelles, indépendance de l'État dans les choses temporelles, parfait accord de l'un et de l'autre dans les questions mixtes; tels sont les principes qui, au sein des sociétés chrétiennes, doivent aujourd'hui plus que jamais régler les rapports des deux puissances, pour le bien de la religion et le bonheur des peuples (1). »

Il reste une autre objection plus sérieuse peut-être que celles qui viennent de nous occuper. Henri V, dit-on, serait un roi de droit divin; or la France, appuyée sur son droit national, ne veut pas de roi de cette espèce; il y a opposition entre le droit divin et le droit national; ce prince n'est donc pas le roi qu'il nous faut.

Cette question est trop grave pour être traitée ici; nous lui consacrerons le chapitre suivant. Tout ce que nous avons vu des pensées et des sentiments du duc de Bordeaux, nous amène à terminer celui-ci par le magnifique appel qu'il adressait à la France en octobre 1870; le lecteur en sentira mieux la grandeur et la vérité.

« Français, vous êtes de nouveau maîtres de vos destinées. Pour la quatrième fois depuis moins d'un demi siècle, vos institutions politiques se sont écroulées, et nous sommes livrés aux plus douloureuses épreuves.

La France doit-elle voir le terme de ces agitations stériles, sources de tant de malheurs? C'est à vous de répondre.

Durant les longues années d'un exil immérité, je n'ai pas permis un seul jour que mon nom fût une

(1) Lettre écrite en 1859.

cause de division et de trouble; mais aujourd'hui qu'il peut être un gage de conciliation et de sécurité, je n'hésite pas à dire à mon pays que je suis prêt à me dévouer tout entier à son bonheur.

Oui, la France se relèvera, si, éclairée par les leçons de l'expérience, lasse de tant d'essais infructueux, elle consent à rentrer dans les voies que la Providence lui a tracées.

Chef de la maison de Bourbon, qui, avec l'aide de Dieu et de vos pères, a constitué la France dans sa puissante unité, je devais ressentir plus profondément que tout autre l'étendue de nos désastres, et mieux qu'à tout autre il m'appartient de les réparer.

Que le deuil de la patrie soit le signal du réveil et des nobles élans... Ne l'oubliez pas; c'est par le retour à ses traditions de foi et d'honneur que la grande nation, un moment affaiblie, recouvrera sa puissance et sa gloire.

Je vous le disais naguère : gouverner ne consiste pas à flatter les passions des peuples, mais à s'appuyer sur leurs vertus.

Ne vous laissez pas entraîner par de fatales illusions. Les institutions républicaines, qui peuvent correspondre aux aspirations de sociétés nouvelles, ne prendront jamais racine sur notre vieux sol monarchique.

Pénétré des besoins de mon temps, toute mon ambition est de fonder avec vous un gouvernement vraiment national, ayant le droit pour base, l'honnêteté pour moyen, la grandeur morale pour but.

Effaçons jusqu'au souvenir de nos dissentiments passés, si funestes au développement du véritable progrès et de la vraie liberté.

Français, qu'un seul cri s'échappe de notre cœur : « Tout pour la France, par la France et avec la France ! »

IX.

DU DROIT DIVIN DES ROIS ET DU DROIT NATIONAL DES PEUPLES.

Voici une de ces expressions fatidiques qui ont le privilége de passionner les âmes, et qui sont comme un signe de contradiction, une pomme de discorde jetée au milieu des esprits. Le droit divin des rois est pour la plupart des publicistes modernes un thème inépuisable de déclamations; et, chose singulière, ou qui plutôt n'est que trop commune en toutes matières, parmi ceux qui l'attaquent, il n'en est peut-être pas un qui sache d'une manière précise ce qu'il est. Leur tactique habituelle consiste à opposer ce droit divin des rois au droit national des peuples, de telle sorte qu'admettre l'un, c'est rejeter l'autre. Et, comme le duc de Bordeaux est le représentant du premier, il s'ensuit qu'il ne pourrait monter sur le trône sans fouler aux pieds le second; ce qui est inadmissible.

Il importe donc souverainement de faire disparaître cette opposition fantasmagorique, qui obsède comme un cauchemar un grand nombre d'esprits et qui ne repose, quand on regarde les choses en elles-mêmes, que sur l'ignorance ou l'erreur, les préjugés ou la mauvaise foi.

Avant tout, établissons une bonne fois ce qu'il faut entendre par ce fameux droit divin des rois, ce spectre qui empêche de dormir les publicistes de la révolution. Qu'est-il donc en lui-même? Qu'enseignent les docteurs catholiques à cet égard? Enseignent-ils que les rois et les familles royales règnent en vertu d'une désignation particulière de la divinité? Enseignent-ils que les princes, qu'on affecte d'appeler de droit divin, gouvernent les nations en vertu de je ne sais quelle bulle d'institution tombée du ciel? Est-ce ainsi qu'il faut entendre le droit divin des rois, l'origine divine du pouvoir (1)? Examinons.

Une chose peut venir de Dieu de deux manières. Elle en vient par voie de création, et par l'effet des lois naturelles qu'il a établies dès l'origine et que maintient sa providence. Par exemple, l'autorité paternelle vient de Dieu de cette manière, et elle est ainsi de droit divin. C'est là une vérité que doivent nécessairement admettre tous ceux qui croient à l'existence de Dieu et à son action dans la création des êtres. Voilà donc une première forme du droit divin; c'est le droit divin naturel, c'est-à-dire découlant des lois mêmes de la création.

Mais une chose peut venir de Dieu d'une autre manière, par une action spéciale et par une voie différente de celle des lois de l'ordre naturel. Ainsi Jésus-Christ, Dieu-homme, a établi saint Pierre

(1) Cette imagination n'est pas nouvelle : « Mme de Staël, dit de Bonald, parle de la doctrine du pouvoir divin comme si ceux qui la professent croyaient que la divinité avait, par une révélation spéciale, désigné telle ou telle famille pour gouverner un État, ou que l'État leur appartînt comme un troupeau appartient à son maître. » (De Bonald, *Observat. sur l'ouvrage de Mme de Staël touchant la Révolution française.*)

chef de la société qu'il a fondée, l'Église; c'est là un fait hors de l'ordre naturel et qui lui est supérieur, un fait surnaturel. Saint Pierre et ses successeurs ont donc l'autorité sur l'Église, et cette autorité vient de Dieu d'une manière spéciale. Elle est donc de droit divin et de droit divin surnaturel.

Il y a donc deux espèces de droit divin : le droit divin naturel et le droit divin surnaturel.

Maintenant le pouvoir civil, l'autorité politique vient-elle de Dieu d'une manière spéciale, surnaturelle ? Est-elle de droit divin surnaturel. Dieu désigne-t-il lui-même aux peuples les rois et les familles royales, et les fait-il monter sur le trône ? Évidemment non. Le pouvoir civil est naturel, son origine est naturelle, son but propre est naturel, ses moyens d'action sont naturels; tout y découle des lois de la nature. Le sacre lui-même, donné quelquefois par la religion aux rois, ne rend pas leur autorité surnaturelle, d'après la théologie et dans la réalité; il ne change ni son origine, ni sa nature. Et l'Église enseigne qu'elle seule et l'autorité qui la régit, appartiennent à l'ordre surnaturel. Si donc l'autorité civile est de droit divin, elle ne pourra être que de droit divin naturel.

On appelle droit naturel celui qui est fondé sur la nature, qui découle de ses lois; et ce droit naturel, il est aussi appelé droit divin, parce que les lois de la nature viennent de Dieu, qui en est l'auteur. Et ainsi plus une loi naturelle vient de Dieu directement, plus le droit qui en découle et se fonde sur elle est divin. Ainsi l'autorité paternelle, comme nous l'avons indiqué déjà, est de droit divin naturel au premier chef, parce qu'elle découle d'une des premières lois de la nature, et que cette loi vient de Dieu directement.

Or l'autorité civile est aussi en ce sens de droit divin, quoique d'une manière moins stricte et moins immédiate. En effet, sans traiter ici la question de l'origine du pouvoir, ce qui demanderait un volume, il est facile de comprendre que l'autorité civile, considérée en elle-même, vient de Dieu de quelque manière. Elle découle nécessairement de la nature des choses : or la nature a Dieu pour auteur. Donc en ce sens l'autorité est de droit divin. Et comme elle est assurément un des éléments principaux de l'organisation de l'humanité sur cette terre, un des éléments les plus nécessaires du genre humain, il suit qu'elle est par là même un des premiers objets de la volonté ou de la providence de Dieu.

En second lieu, Dieu ne veut pas seulement l'autorité considérée d'une manière générale, et pour ainsi dire abstraite, mais il la veut au contraire concrète et positive, vivante et active; car ce n'est qu'ainsi qu'elle a son efficacité et qu'elle est utile aux hommes. Quand donc un prince a l'autorité, pourvu que ce soit d'une manière légitime, Dieu veut en lui cette autorité, il la confirme, il la sanctionne du sceau de sa volonté, et par conséquent d'un sceau réellement divin. Mais il n'y a rien là qui sorte de la nature et de ses lois, ni qui accuse un acte spécial et surnaturel de la divinité.

Le voilà donc ce fameux droit divin des rois, dont tant de publicistes parlent sans se donner la peine de savoir ce qu'ils disent ; et je crois l'avoir placé dans une sphère où l'on ne peut l'insulter sans s'insulter soi-même, et montrer que l'on est dépourvu de l'esprit philosophique. Rien, en effet, n'est plus simple, plus vrai, plus logique, plus conforme à la nature et à la raison. Il est de mode depuis longtemps de faire fi des rois de droit divin. Mais d'abord c'est là une triste et ridicule manie, dépourvue de raison et antiphilosophique. Il suffit de faire usage de son intelligence pour comprendre que Dieu est nécessairement, et par l'essence même des choses, la source et l'océan infini de toute grandeur et de toute autorité, que par conséquent tout pouvoir vient de lui, et que le côté divin de la royauté en est le côté admirable. C'est là ce qui ennoblit l'obéissance et la rend digne de l'homme. Dieu voulant l'autorité des princes et son exercice, confirme, sanctionne leurs commandements, et la soumission des sujets remonte ainsi jusqu'à lui. En second lieu, que les contempteurs du passé le veuillent ou non, tous les rois le sont de droit divin, ou ne le sont pas du tout. Qu'est-ce, en effet, qu'un roi de droit divin, dans le vrai sens du mot? Nous venons de le dire. C'est celui qui tient son pouvoir de Dieu comme principe premier de toute autorité. Mais évidemment tout pouvoir vient nécessairement de quelque manière du principe premier du pouvoir. Il n'y a qu'un cas où le pouvoir des princes ne vient pas de Dieu; c'est celui de leur illégitimité; mais tout prince, tout souverain légitime l'est nécessairement de droit divin.

Il n'y a maintenant aucune difficulté à faire voir que ce droit divin des rois n'est en aucune manière opposé au droit national des peuples.

Un des droits auxquels les nations paraissent tenir spécialement, surtout dans les temps modernes, c'est, à la constitution, à l'établissement d'un pouvoir, d'intervenir de quelque manière. Or il n'y a aucune ombre d'incompatibilité entre ce droit et le droit divin tel qu'il doit être entendu et que nous venons de l'expliquer. Que Dieu soit le principe premier, l'origine première du pouvoir, cela n'empêche nullement que la nation n'intervienne dans son établissement. Au contraire, la cause première suppose les causes secondes, et agit par elles. Si l'on entendait le droit divin en ce sens que la divinité désignerait elle-même par un acte spécial celui qui aurait l'autorité, il serait peut-être difficile dans ce cas de montrer que le droit divin n'est point opposé au droit national tel qu'on l'entend aujourd'hui; mais, nous l'avons vu, le droit divin ne s'entend pas et n'existe pas en ce sens, dans l'ordre habituel de la providence et dans l'établissement de l'autorité civile.

Un autre droit, généralement et vivement revendiqué dans les temps modernes, c'est le droit à la liberté. Et en effet, il faut autant que possible, spécialement chez les peuples civilisés et chrétiens, il faut, dis-je, unir à l'autorité la liberté. Il faut, nous l'avons vu, des institutions modératrices du pouvoir. Or la doctrine du droit divin, telle que nous venons de l'exposer, ne s'oppose en aucune manière à aucune liberté légitime. Dieu ne donne pas aux peuples telle ou telle constitution politique; il leur laisse, au contraire, à cet égard une liberté parfaite. Le droit divin n'est donc nullement opposé à la liberté.

Appliquons maintenant ce que nous avons dit dans ce chapitre au duc de Bordeaux; et c'est chose facile.

Premièrement, comme nous l'avons fait remarquer déjà, à l'origine de la troisième dynastie, dont le prince est aujourd'hui le représentant, la nation est intervenue, selon les coutumes du temps, et selon le degré de développement politique auquel elle était arrivée. Le tiers-état n'existant point encore comme corps politique, les deux autres classes, les seigneurs et les évêques, représentant la nation, se réunirent à Noyon, et donnèrent à Hugues Capet la couronne de France. La volonté nationale n'a donc pas manqué à l'établissement de cette dynastie, et pendant de longs siècles elle a été voulue, acclamée, aimée par la France.

En second lieu, appeler la famille des Bourbons, le duc de Bordeaux sur le trône, c'est, nous l'avons vu, concilier les deux principes politiques qui se partagent les esprits en France, celui de la monarchie traditionnelle et celui de l'élection. Nous dirons maintenant : qu'on l'appelle donc, et les deux principes du droit divin et du droit national s'uniront dans une harmonie parfaite, puisqu'il sera le représentant de l'un et de l'autre.

Quant aux libertés légitimes, auxquelles nous venons de voir que le droit divin n'est point opposé, nous avons vu déjà, au chapitre précédent, que le comte de Chambord les veut et les aime; qu'il veut les libertés civiles et la liberté politique. Nous n'avons donc pas à y revenir ici. Continuons notre marche.

X.

DE LA THÉOCRATIE ET DE L'HÉRÉDITÉ ROYALE.

Appeler le duc de Bordeaux sur le trône, ce serait, dit-on, ressusciter la théocratie, le gouvernement théocratique, vieillerie du moyen âge. Or la France est trop civilisée, trop éclairée pour vouloir d'un gouvernement de cette espèce.

Voilà une objection qui est au fond d'un grand nombre d'esprits, sur les lèvres et sous la plume de plusieurs. Voyons donc ce qu'il faut en penser. Examinons en face cette fameuse théocratie, épouvantail de l'ignorance et de la légèreté.

Et d'abord il existe à notre époque une tendance honteuse, antiphilosophique et antirationnelle au premier chef; elle consiste à vouloir se passer de Dieu dans l'explication des choses; dans la science générale ou la philosophie, dans les sciences particulières, en morale, en politique, et même en religion. Je n'apprendrai rien cependant aux esprits habitués à l'étude méditative de la vérité, en disant que lorsque l'on creuse un peu profondément dans la nature des choses, on arrive vite à une base granitique qui porte tout, de laquelle tout part et à laquelle tout revient: l'infini. La philosophie est la science des vérités essentielles ou nécessaires; or Dieu en est la première et toutes les autres s'y rattachent : elle est aussi dans un sens plus spécial la science des causes; or la cause première, source de toutes les causes secondes, c'est l'Être infini. Qu'est-ce que la science de la morale et de la religion, sinon celle de l'origine, des devoirs et des destinées de l'homme? Or, c'est Dieu qui est sa cause, son maître et son terme. C'est donc en Dieu qu'il faut prendre le premier principe de toute science et de toute explication des choses. Rièn sans lui n'est intelligible, rien sans lui n'est explicable; et ceux qui ont voulu séparer les sciences de l'Être divin et les soustraire aux rayons de ce soleil, ont eu une pensée aussi irrationnelle qu'impie et malheureuse.

La science sociale ne fait point exception à cette loi. C'est Dieu qui est l'auteur de la société, car c'est lui qui a fait l'homme sociable, qui lui a donné le besoin de la société et l'aptitude pour la réaliser. C'est lui par là même qui est, comme nous l'avons fait remarquer déjà au chapitre précédent, la source première et générale de l'autorité : celle-ci en effet découle de la nature de l'homme social, et Dieu est la source de la nature des êtres.

Entrons maintenant sous la lumière de ces idées dans la question qui doit nous occuper.

Qu'est-ce que la théocratie? D'après l'expression elle-même, et d'après l'idée que tout le monde en a, elle est le gouvernement de Dieu. Mais c'est là une définition extrêmement large et par trop générale. Distinguons donc immédiatement deux espèces de théocratie. La première est la théocratie pure et proprement dite : elle est le gouvernement immédiat de Dieu, par lequel il gouvernerait ses créatures, les hommes par exemple, sans aucun intermédiaire et par lui-même. La seconde est la théocratie médiate, c'est-à-dire le gouvernement de Dieu, mais par l'intermédiaire des créatures qui tiendraient de lui leur autorité. On peut distinguer aussi la théocratie dans l'ordre naturel, qui découle des lois de la création et qui est l'ordre habituel de la providence; et la théocratie dans l'ordre surnaturel, ordre non pas contraire, mais supérieur à l'ordre naturel, et qui lui est comme surajouté par Dieu : tel est l'ordre chrétien.

Et maintenant la théocratie pure existe-t-elle? a-t-elle jamais existé? Elle n'existe pas, et elle n'a jamais existé, sur la terre du moins. Les fables païennes qui nous représentent les hommes gouvernés par des Dieux, sont plus ou moins gracieuses et plus ou moins instructives; mais enfin ce sont des fables. Même dans l'ordre surnaturel et chrétien Dieu ne gouverne les hommes que par ses représentants. La théocratie pure n'existe donc pas.

Il en va tout autrement de la théocratie médiate. Celle-là existe, et on peut même dire qu'elle existe partout, quoiqu'à des degrés et dans des sens différents. Et d'abord Dieu gouverne le monde matériel par les causes secondes, par les forces qu'il a créées et les lois qu'il a établies, et qu'il maintient à l'existence par son action conservatrice et dirige par son action providentielle. On peut donc très-bien dire en ce sens que le gouvernement général de l'univers est un gouvernement théocratique. Dieu sans doute ne produit pas par lui-même immédiatement les effets que nous voyons et l'ordre que nous admirons; mais il les produit par les causes secondes, par les forces et les lois. C'est de la théocratie médiate. La société religieuse, la société chrétienne est aussi une théocratie médiate, mais dans un sens beaucoup plus élevé. Chacun sait, et tout catholique admet que Jésus-Christ, Dieu-homme, a donné à saint Pierre et à ses successeurs son autorité, et que lé

Pape et les évêques gouvernent l'Église au nom de Dieu et comme ses représentants. C'est la théocratie dans l'ordre religieux et surnaturel.

Dans les sociétés civiles prises en elles-mêmes, où tout est renfermé dans les limites de l'ordre naturel, la théocratie n'y est qu'à un degré correspondant et bien inférieur à celui qu'elle a dans l'ordre religieux. Nous l'avons vu au chapitre précédent, Dieu est la source première, le principe premier et général de toute autorité. C'est là une vérité que la raison enseigne comme le christianisme. L'autorité découle de la nature même des choses : or Dieu est l'auteur et la source de la nature. Dieu veut, confirme, sanctionne par sa volonté l'autorité des princes et son exercice. Et par conséquent en ce sens tout gouvernement est théocratique, tout gouvernement légitime a le droit de commander à l'âme elle-même, à la volonté, de lui imposer une obligation morale; et les sujets sont tenus d'obéir, non-seulement par crainte du châtiment, mais par conscience (1). Or la conscience et l'obligation morale relèvent de Dieu, découlent de lui et remontent jusqu'à lui; car la conscience n'est que la connaissance et comme la promulgation de la loi morale, qui a sa source en Dieu, océan infini de l'ordre et de l'harmonie.

Telle est la théocratie qui existe au fond de toute autorité et de tout gouvernement légitime, et telle est celle par conséquent du gouvernement futur du duc de Bordeaux. C'est cela même qui fait la grandeur et la dignité de l'obéissance. Aux yeux de la raison, comme aux yeux du christianisme, nul homme n'a le droit de commander à l'homme, s'il ne l'a reçu de Dieu de quelque manière. Ceux qui prétendent se passer de Dieu dans l'ordre social, entre autres résultats, arrivent à celui-ci : ils abaissent

(1) Saint Paul, *ad Rom.*, XIII, 5.

et ravalent l'obéissance; ils obéissent à l'homme. L'homme de raison et le chrétien obéissent à Dieu, que l'homme représente.

Le gouvernement du duc de Bordeaux sera encore, je n'en doute pas, un gouvernement théocratique dans un autre sens. Il sera le restaurateur de la morale et de la religion en France; non pas, comme plusieurs affectent de le dire, en imposant le christianisme par la force, ce qui est impossible et absurde; mais en favorisant son développement et sa salutaire influence, et en laissant à l'Eglise sa pleine liberté d'action pour la moralisation de la société. Et c'est là le premier et le plus grand service qu'un gouvernement puisse rendre à la France. La dissolution intellectuelle, amenée par les mauvaises doctrines, et la dissolution morale amenée par les mauvaises mœurs, nous conduiraient fatalement à la dissolution sociale et matérielle, c'est-à-dire à la mort; et l'œuvre est déjà bien commencée.

Mais nous aurons à revenir sur cette question, en traitant de la mission du duc de Bordeaux dans un chapitre suivant. Achevons celui-ci en disant quelque chose de l'hérédité royale. Henri V en est le représentant dans le passé et dans l'avenir, c'est lui qui reliera la chaîne des temps brisée par les révolutions.

Cette hérédité est le cauchemar des républicains, et elle est une difficulté et comme un embarras pour plus d'un partisan de la monarchie. Comment se fait-il, dit-on, que la naissance donne le pouvoir, qu'un berceau fasse un roi et un autre un pâtre? Pourquoi cet enfant qui pleure dans ses langes a-t-il droit de porter le sceptre et de gouverner un grand peuple? Est-ce que les générations qui ont appelé au trône une famille, ont le droit de lier les générations suivantes?

Il faut d'abord bien se garder de confondre en

cette matière deux choses différentes, la nature et la naissance; ce que font souvent les publicistes de la révolution. La nature, cela est très-vrai, ne confie le pouvoir à personne, et à ne considérer qu'elle, tous les hommes sont politiquement égaux. Elle leur donne sans doute des qualités, des aptitudes, des capacités différentes; mais elle ne donne à personne l'autorité civile. Mais autre chose est la nature, autre chose est la naissance. La première est ce qui constitue l'homme, la seconde est son apparition dans la vie, c'est sa production dans telle ou telle famille. Or, une famille peut avoir des droits, qu'elle communique à ses membres et que ne donne pas la nature. Ainsi, celle-ci ne confère pas par elle-même le droit à telle ou telle propriété; la famille, au contraire, la naissance le font : de là la transmission héréditaire des propriétés et des droits, de là l'hérédité. Conséquemment, à moins d'admettre les idées insensées et subversives du communisme, il faut nécessairement admettre que la naissance peut donner et donne des droits. Et la raison en est aussi simple qu'évidente. Une famille, quelque nombreuse qu'elle soit, est un seul être, une unité morale, qui possède et qui a des droits, auxquels participent plus ou moins les membres qui la composent.

Au reste, la raison et la légitimité de l'hérédité royale sont faciles à comprendre. Lorsque, à l'origine d'une dynastie, une nation en accepte ou en nomme le chef, elle lui transmet le pouvoir (1), non-

(1) Je fais abstraction, on le comprend, du mode de cette transmission du pouvoir et de la célèbre question de l'origine de l'autorité. Que la nation le donne elle-même comme cause seconde, ou bien qu'elle ne soit que le canal par lequel Dieu la donne, il sera toujours vrai que les successeurs du fondateur d'une dynastie ont le pouvoir au même titre que lui.

seulement pour lui, mais pour ses descendants; de telle sorte que le dernier de sa race l'a au même titre que lui-même. Les fils et successeurs du fondateur d'une dynastie portent la couronne aussi légitimement que lui, et peut-être même plus légitimement, en ce sens que le droit royal a été confirmé, sanctionné, quelquefois pendant des siècles, et par la volonté nationale et par les services rendus par la dynastie.

Mais, dit-on, une génération ne peut pas engager celles qui la suivent, elle ne peut pas stipuler pour elles.

Je demanderai d'abord à ceux qui font cette objection, si dans une nation une génération ne peut pas faire des lois, des constitutions, des traités, des contrats, qui obligent non-seulement elle-même, mais les générations suivantes ? Je demanderai aux républicains si une génération ne peut pas établir la république, non-seulement pour elle, mais pour l'avenir, comme cela s'est fait aux États-Unis d'Amérique? Je demanderai à tous si les dettes contractées par une génération n'obligent pas toujours la nation ? C'est une doctrine universellement admise, et une doctrine nécessaire, qu'une nation peut s'engager pour l'avenir et stipuler pour les générations futures. Or, la question de l'hérédité royale n'est qu'un cas particulier, une application de cette grande loi. Il faut savoir comprendre qu'une nation est un corps moral, un dans ses générations successives, qui aux différents instants de son existence agit en cette qualité, et pose ainsi des actes dont l'influence se prolonge nécessairement dans l'avenir. Les générations qui composent, pour ainsi parler, la vie d'une nation à travers les âges, sont nécessairement solidaires les unes des autres.

Mais si une génération peut léguer quelque chose à celles qui la suivent, elle peut surtout leur léguer des bienfaits. Or, l'hérédité monarchique est pour les nations un bien de premier ordre. C'est elle qui maintient la paix, la tranquillité, la stabilité dans l'État. C'est elle qui empêche les troubles, les crises qu'engendre si facilement l'élection d'un roi, crises qui affaiblissent les nations et finissent par les faire mourir. L'infortunée Pologne, avec sa royauté élective, est un exemple pour tous les peuples : personne n'ignore que sa triste constitution politique a été la cause première de ses malheurs, en donnant à l'étranger l'envie et l'occasion de s'occuper de ses affaires, et en l'affaiblissant par des dissensions intestines. Et qui niera que nos infidélités au principe d'hérédité et les révolutions qui en sont la suite, ne soient une des principales causes de nos malheurs ? Ce n'est pas en vain que l'on fait à la nature et à l'ordre des blessures aussi profondes. N'est-il pas, en effet, dans l'ordre que les fils succèdent à leurs pères ? N'est-ce pas la loi de la nature ? L'Écriture, qui, indépendamment de l'inspiration divine, est le code de la sagesse antique, appelle l'hérédité monarchique la loi d'Adam, c'est-à-dire la loi de la nature, la loi primitive (1). « C'est un bien pour le peuple, dit avec raison Bossuet, que le gouvernement devienne aisé ; qu'il se perpétue par les mêmes lois qui perpétuent le genre humain, et qu'il aille, pour ainsi dire, avec la nature. Ainsi les peuples où la royauté est héréditaire, en apparence se sont privés d'une faculté qui est celle d'élire leurs princes, mais dans le fond c'est un bien de plus qu'ils se procurent ; le peuple doit regarder comme un avantage de trouver son souverain tout fait, et de n'avoir pas, pour ainsi parler, à remonter un si grand ressort (2). » Il est en effet difficile à monter.

(1) II Reg., VII, 19.

(2) Boss., V. *Avert. aux protest.*, § LVI. V. aussi *Polit. tirée de l'Écrit.*, l. II, a. 1, prop. X.

Or, appeler le duc de Bordeaux sur le trône, c'est revenir au principe antique et salutaire de l'hérédité royale, qui a fait l'unité, la force et la grandeur de la France, et qui maintient chez les peuples qui y sont fidèles la tranquillité, la paix, le bonheur et la prospérité. C'est ce prince et ce principe qui nous replaceront dans la voie de la sagesse politique, que nous avons abandonnée, et nous rendront cette stabilité que nous avons partout cherchée, sans pouvoir la trouver jamais.

XI.

HENRI V ET LA DÉMOCRATIE.

Nous arrivons à l'obstacle principal peut-être au rappel du duc de Bordeaux sur le trône de ses pères. Il est du moins le plus général et celui qui est comme la source des autres.

Tout le monde sait qu'avant la grande révolution de la fin du dernier siècle, la France était divisée, au point de vue social et politique, en trois classes : le clergé, la noblesse et le tiers-état. Mais tout le monde sait aussi que ces classes ont disparu comme corps politiques, qu'elles ont été remplacées par l'avénement de tous, et englouties dans l'océan sans rivages de la démocratie. Ce peut être là, aux yeux des uns, un bien, et aux yeux des autres, un mal ; mais, en tout cas, c'est un fait. La démocratie est aujourd'hui en France un fait accompli, un fait consommé. Or, il y a au fond d'un grand nombre d'âmes une crainte; c'est que le duc de Bordeaux ne puisse s'accommoder de ce fait; qu'il ne puisse s'accorder avec la démocratie; que celle-ci ne soit menacée par lui, et qu'il ne soit menacé par elle.

Je regarde cette crainte comme mal fondée, et je

crois pouvoir le démontrer sans grande peine. J'ajoute même que la démocratie n'a qu'à gagner à l'avénement du comte de Chambord; car c'est lui qui lui donnera ce lest dont elle a besoin, qu'elle n'a point encore trouvé, et sans lequel elle sera toujours comme un navire au milieu des mers bouleversées par la tempête.

La démocratie est l'avénement de tous, de quelque manière, l'avénement de tous les membres de la nation, à la vie politique. Ce n'est pas seulement, comme quelques-uns paraissent le croire, l'avénement du peuple, en tant qu'il diffère des classes lettrées, ce n'est pas seulement l'avénement du plus grand nombre, c'est l'avénement de tous; la démocratie, c'est la nation elle-même. Cinq caractères principaux, cinq éléments la constituent et la distinguent. Elle admet qu'à l'origine d'un établissement politique, d'un gouvernement, la nation doit intervenir de quelque manière. Elle enseigne que les gouvernements existent et doivent exercer l'autorité pour le bien commun, dans l'intérêt général. Elle demande que ce soit non la volonté de l'homme qui gouverne, mais la constitution et la loi. Elle veut que tous puissent arriver à tous les emplois, et que la raison du choix soit la capacité du sujet et le bien public. Enfin, la démocratie veut que toute la nation participe, par ses représentants, au gouvernement de la chose publique.

Telle est, dans son idée générale, la démocratie véritable, la démocratie raisonnable et honnête; car il y en a une autre qui ne l'est pas, la démagogie, dont nous dirons un mot plus tard.

Pour savoir donc si l'opposition que l'on craint entre le duc de Bordeaux et la démocratie existe, nous n'avons qu'à examiner si les différents caractères qui composent celle-ci et que nous venons de rappeler, sont admis par le prince. Nous avons déjà donné, dans les chapitres précédents, les éléments de solution de cette question. Étudions-la ici d'une manière plus explicite et plus directe.

Et d'abord, constatons que le comte de Chambord connaît son temps, qu'il veut en être, comme il le dit lui-même, et qu'il veut établir un gouvernement qui soit en harmonie avec l'ordre social du pays.

« Dépositaire, écrit-il, du principe fondamental de la monarchie, je sais que cette monarchie ne répondrait pas à tous les besoins de la France, *si elle n'était en harmonie avec son état social, ses mœurs, ses intérêts* (1). »

« J'ai employé, dit-il, les longues années de mon exil à étudier les hommes et les choses. *Je comprends les conditions que le temps et les événements ont faites à la société actuelle; je reconnais les intérêts nouveaux, qui de toutes parts se sont créés en France* (2). »

L'avénement de la démocratie, des classes ouvrières est envisagé, par le prince, d'un regard ferme et d'un cœur qui ne craint pas la solution du problème. Écoutons-le :

« En présence des difficultés actuelles, et devant le flot toujours croissant de la démocratie, ne semble-t-il pas que toujours fidèle à toutes les traditions de son glorieux passé, la monarchie vraiment chrétienne et vraiment française doive faire aujourd'hui, pour l'émancipation et la prospérité morale et matérielle des classes ouvrières, ce qu'elle a fait en d'autres temps pour l'affranchissement des communes (3) ? »

Un des principes de la démocratie, avons-nous dit, c'est que la nation doit intervenir de quelque

(1) Lettre du 23 janvier 1851.
(2) Lettre du 5 octobre 1848.
(3) Lettre du 20 avril 1865.

manière, à l'établissement d'une dynastie, d'un gouvernement. Or, à l'avénement de la dynastie dont le comte de Chambord est le représentant, la nation est intervenue selon les mœurs et les usages du temps; les deux classes qui représentaient alors la nation ont proclamé Hugues-Capet à l'Assemblée de Noyon. En second lieu, cette dynastie a été voulue, aimée, acclamée par la France pendant sept à huit siècles. Et, en troisième lieu, le prince ne veut monter sur le trône que lorsqu'il sera appelé. On lui proposait un jour un moyen d'y arriver : « Je suis, répondit-il, pour que la nation m'appelle. » Il reconnaît que son gouvernement ne répondrait pas aux besoins de la France, « *si*, dit-il, *elle n'en reconnaissait et n'en acceptait avec confiance la nécessité. Je respecte mon pays*, ajoutait-il, *autant que je l'aime* (1). »

Il est impossible d'aller plus loin. Un prince qui a de pareils sentiments mérite de porter la couronne.

Toutes les autres conditions, tous les caractères qui, de l'aveu général, constituent la démocratie et que nous avons indiqués, sont contenus dans les paroles suivantes du duc de Bordeaux :

« Je n'ai rien à ajouter aux nombreuses manifestations que j'ai faites de mes dispositions. *Elles sont toujours les mêmes, et ne changeront jamais.* Exclusion de tout arbitraire, le règne et le respect des lois; l'honnêteté et le droit partout; le pays sincèrement représenté, votant l'impôt et concourant à la confection des lois; les dépenses sévèrement contrôlées la propriété, la liberté individuelle et religieuse, inviolables et sacrées; l'administration communale et départementale sagement et progressivement décentralisée; le libre accès pour tous aux honneurs et aux avantages sociaux : *telles sont à mes yeux les*

(1) Lettre du 23 janvier 1851.

véritables garanties d'un bon gouvernement; et tout mon désir est de pouvoir un jour me dévouer à l'établir en France (1). »

Il serait fastidieux de citer ici d'autres manifestations de la pensée du prince; nous l'avons fait déjà et le lecteur n'a qu'à se reporter au chapitre huitième de cet écrit. Tout nous mène donc à conclure que l'opposition, l'incompatibilité que l'on prétend exister entre le duc de Bordeaux et l'état social, les idées et les aspirations de la France ne repose sur rien, et qu'elle est formellement démentie par tout ce que nous connaissons du prince, par les documents les plus positifs et les plus clairs.

Mais il y a une autre démocratie, que l'on a très-bien nommée la démagogie, et qui est comme la corruption de la première. Ses doctrines, connues déjà, mais révélées plus explicitement par les programmes de l'*Internationale*, font frémir. La négation de Dieu, l'abolition de toute religion, l'abolition du mariage en tant qu'institution, l'abolition du droit de propriété et d'hérédité, le renversement, la destruction de tout l'ordre social actuel : tel est le symbole de cette démocratie, qui étend aujourd'hui ses filets sur toute l'Europe. Nous la connaissons déjà en France à ses œuvres. C'est à elle que revient l'honneur des excès monstrueux de la grande Révolution. C'est elle qui a fait les sanglantes journées de Juin 1848. C'est elle qui porte la responsabilité des sauvages horreurs de la Commune de Paris, d'ignoble et sanglante mémoire. Elle n'a pas été tout à fait ignorée dans les siècles antérieurs. Elle apparaît mêlée aux hérésies armées d'autrefois : elle combat avec les Albigeois au XIIIe siècle, avec la Jacquerie au XIVe, avec les Hussites au XVe, et les Anabaptistes et les paysans au XVIe. Mais il était

(1) Lettre du 12 mars 1856.

réservé au XIXe siècle, qui est, dit-on, la fleur, la merveille de la civilisation, de voir cette démagogie à nu, de la voir constituée en société européenne, et se préparant à faire table rase de tout ce qui existe.

Il est inutile de dire qu'entre cette démocratie crapuleuse et tout gouvernement honnête, et spécialement la monarchie royale du duc de Bordeaux, il y a non-seulement opposition, mais guerre à mort. Quand une société, secrète ou non, est arrivée à professer les doctrines sauvages, ou plutôt infernales, que j'ai citées, il n'y a pas à temporiser avec elle, il n'y a qu'à frapper. Dieu veuille qu'elle ne frappe pas bientôt de nouveau elle-même, et que ce que nous avons vu à Paris ne soit pas seulement le premier pas de sa course !

Quant à la démocratie saine et raisonnable dont nous avons parlé, qui consiste à élever, à faire progresser toutes les classes de la société au point de vue matériel et intellectuel, moral et religieux, non-seulement il n'y a pas d'opposition entre elle et la monarchie du duc de Bordeaux, mais elle y trouvera au contraire ce qui lui manque. Elle a besoin principalement de trois choses. Il lui faut premièrement, la fixité, qui l'arrêtera enfin dans cette carrière d'aventures révolutionnaires qu'elle parcourt depuis bientôt un siècle, fixité qui n'est pas l'immobilité, mais la stabilité dans le progrès. Or, par sa nature même, par ses principes et ses antécédents, la monarchie royale possède cette fixité dont nous avons tant besoin. Il faut, en second lieu, que la démocratie moderne fasse alliance avec le christianisme : la religion est en effet l'arome qui conserve les sociétés et les institutions, et les empêche de se corrompre. Or, le gouvernement du duc de Bordeaux sera très-propre à amener cette alliance si désirable à tous les points de vue, et sans laquelle la démocratie reprendra sa course aventureuse et révolutionnaire, et ne produira que des fruits amers pour elle et pour tous. Enfin, il faut à la démocratie, un peu rude de sa nature, et qui a bien aussi dans son passé quelque chose à se faire pardonner, il lui faut, dis-je, une dignité, une noblesse, une auréole qui la posent en face de l'Europe, et montrent que la société française sait toujours, dans toutes ses évolutions et sous toutes ses faces, unir les grâces et la grandeur. Mais quel gouvernement pourrait arriver, en France, à ce résultat, comme la monarchie légitime du duc de Bordeaux, comme la royale famille des Bourbons, la plus ancienne et la plus noble de l'univers ?

Il est donc évident que la saine démocratie, que toutes les idées justes, que toutes les aspirations et tous les progrès légitimes, que tous les intérêts acquis, n'ont rien à craindre de l'avénement de la monarchie royale. J'ai apporté de nombreuses citations des idées et des sentiments du duc de Bordeaux, citations claires, formelles, péremptoires. Il est inutile de les multiplier ; les préjugés doivent être tombés, la démonstration est faite pour toutes les âmes de bonne foi.

Peut-être quelques esprits difficiles et chagrins se poseront-ils toutefois cette question : Tout cela est-il bien sincère ? Les idées, les sentiments exprimés par le comte de Chambord sont-ils bien réellement dans son intelligence et dans son cœur, et s'il monte sur le trône, les appliquera-t-il, en fera-t-il une vérité?

J'aurais quelque honte à répondre moi-même à ce soupçon. Je laisserai ce soin à un républicain connu. Charles Didier voulut savoir par lui-même ce qu'était le duc de Bordeaux, et il rendit compte de sa visite à Frohsdorf dans une brochure qui produisit une vive sensation, et dont nous allons donner quelques extraits :

« L'esprit de parti, écrit-il, représente le prince comme un absolutiste, et c'est comme tel qu'il apparaît à la foule du fond de son exil : la vérité est qu'il n'y a peut-être pas dans toute l'Europe un constitutionnel plus sincère que lui. »

La conversation entre l'écrivain républicain et le royal exilé s'ouvrit en ces termes :

« Monseigneur, j'ignore et Dieu seul peut savoir quelles destinées vous sont réservées dans l'avenir ; mais si vous avez une chance de régner quelque jour en France, ce que pour mon compte je ne désire pas, cette chance, la voici : que par impossible, la France épuisée par ses expériences, à bout de ressources, ne trouvant pas dans le principe électif la stabilité qu'elle poursuit ; que le découragement, les mécomptes retournent jamais ses pensées vers le principe héréditaire, comme base fixe de l'autorité, vous représentez ce principe, et dans ce cas, c'est la France elle-même qui viendrait vous chercher. Jusque-là, je ne vois pour vous qu'une chose à faire : attendre les événements.

» Monsieur le duc de Bordeaux, continue l'écrivain, m'avait écouté avec attention; à mesure que je parlais, sa physionomie se détendait visiblement; la glace du début était brisée. Il me répondit sans hésitation que je venais de traduire sa pensée; qu'il n'entreprendrait jamais rien contre les pouvoirs établis, ne voulait prendre aucune initiative, et n'avait aucune ambition personnelle; qu'il se considérait, en effet, comme le principe de l'ordre et de la stabilité; qu'il entendait maintenir ce principe intact, ne fût-ce que pour le repos futur de la France; que ce principe était toute sa force, qu'il n'en avait pas d'autre; qu'il en aurait toujours assez pour remplir son devoir quel qu'il fût, et que Dieu d'ailleurs lui viendrait en aide : Si je rentre jamais en France, ajouta-t-il, ce ne sera que pour y faire de la conciliation, et je crois que moi seul en peux faire. »

Le visiteur républicain reconnaît chez le prince « une grande droiture de cœur et d'esprit, un vif sentiment du devoir et de la justice.... » Il parle de ses qualités aimables, de son esprit français... Mais ce qui le frappe surtout, c'est sa franchise et sa sincérité parfaite. « Sa figure, écrit-il, est franche, ouverte, sympathique. Son rire est si franc qu'il est communicatif... Son œil d'un bleu limpide, et à la fois vif et doux, écoute bien, interroge beaucoup ; il regarde si droit et si fixe que je considère comme impossible de lui mentir en face. Quant à lui, il suffit de le voir pour demeurer convaincu de sa véracité (1). »

(1) *Une visite à M. le duc de Bordeaux*, 6e édit., p. 54, 98.

XII.

LA MISSION D'HENRI V AU POINT DE VUE POLITIQUE.

Il y a des hommes prédestinés que la Providence tient comme en réserve pour leur confier l'exécution de ses hauts desseins, des hommes appelés à devenir, sous l'action de Dieu, les restaurateurs de l'ordre et les bienfaiteurs de l'humanité, et auxquels, lorsque le moment est venu, il ouvre lui-même la carrière. Dieu tient, en effet, du sommet des cieux, les rênes des mondes, et tout se remue sous sa main souveraine. Au-dessus du flux et du reflux des événements humains, des ébranlements des peuples, des révolutions, des chutes des empires, il est une immobile action qui dirige à son gré toutes ces vagues humaines. C'est faute d'entendre le tout et de pouvoir, d'une seule vue de l'esprit, lier les temps à de grandes distances, que nous trouvons des irrégularités dans le plan divin; et si nous pouvions embrasser d'un regard l'ensemble des choses, nous verrions les révolutions et les désordres qui nous frappent si fort, venir, sous la direction du grand Être, se ranger dans l'ordre universel.

La mission du duc de Bordeaux, sur laquelle nous

allons jeter un regard rapide, est une des plus belles que la Providence puisse confier à un homme. Je la résume en deux mots : sauver la France, et, au point de vue humain et temporel, l'Église elle-même. Elle a deux aspects : elle est politique, et elle est religieuse. Nous la considérons dans ce chapitre sous le premier rapport.

Avant tout, et par son avénement même, le duc de Bordeaux posera le principe, la base de la régénération politique de la France : il nous donnera la véritable autorité, la véritable monarchie à la fois traditionnelle et nationale. Et cela par la nature même des choses : cette autorité, cette monarchie, il la porte avec lui ; elle est lui-même. Et c'est pour avoir été infidèles à ce principe salutaire, pour l'avoir abandonné, que nous sommes allés de révolution en révolution, de catastrophe en catastrophe, et que nous sommes arrivés à l'abîme où nous sommes tombés. Le comte de Chambord comprend à merveille ce qui fait sa force; c'est qu'il est ce principe dont je parle ; il le dit et le répète à tous : « Je suis, disait-il au visiteur républicain dont nous avons parlé au chapitre précédent, je suis le principe de l'ordre et de la stabilité. » Et il ajoutait que « ce principe est sa force. » Je suis, disait-il dans une autre circonstance, « le dépositaire du principe fondamental de la monarchie (1). » Et remarquons bien que lui seul a ce principe. Toute combinaison qui tendrait à faire monter un autre à sa place sur le trône de France, serait un mensonge, un nouveau désordre politique, et ouvrirait une nouvelle ère de révolutions et de catastrophes, qui nous conduiraient enfin à la ruine et à la mort.

Par là même que le duc de Bordeaux porte avec lui la véritable autorité, la véritable monarchie, il

(1) Lettre du 23 janvier 1851.

porte aussi l'ordre véritable. L'ordre, c'est ce qui doit être, c'est cet état où tout est à sa place, c'est l'harmonie, c'est la paix. Le prince a également parfaitement compris cet attribut inhérent à sa personne. « Je serai appelé, écrit-il, non-seulement parce que je suis le droit, mais *parce que je suis l'ordre*; parce que je suis la réforme; parce que je suis le fondé de pouvoir nécessaire pour remettre en sa place ce qui n'y est pas (1). »

L'ordre, au point de vue politique, consiste dans l'union de l'autorité et de la liberté, dans le maintien et la réalisation, autant que cela est possible, de tous les droits. Nous avons déjà entendu plusieurs fois le duc de Bordeaux proclamer que c'est là ce qu'il veut, que c'est là ce qu'il fera, que ce sera là un des buts de son gouvernement. Écoutons-le encore : « Il n'y a, dit-il, que la monarchie restaurée sur la base du droit héréditaire et traditionnel, qui, répondant à tous les besoins de la société telle que l'ont faite les événements accomplis depuis plus d'un demi-siècle, puisse concilier tous les intérêts, sauvegarder tous les droits acquis, et mettre la France en pleine et irrévocable possession de toutes les sages libertés qui lui sont nécesaires (2). » « Français, vous voulez la monarchie, vous avez reconnu qu'elle seule peut vous rendre, avec un gouvernement régulier et stable, cette sécurité de tous les droits, cette garantie de tous les intérêts, cet accord permanent d'une autorité forte et d'une sage liberté qui fonde et assure le bonheur des nations. Ne vous livrez pas à des illusions, qui tôt ou tard vous seraient funestes... La monarchie véritable, la monarchie traditionnelle, appuyée sur le droit héréditaire et consacré par le temps, peut seule

(1) Lettre du 8 mai 1871.
(2) Lettre du 22 décembre 1850.

vous remettre en possession de ces précieux avantages (1). » Et en effet, par le principe qu'il représente, le duc de Bordeaux est le premier anneau de cette chaîne harmonieuse, qui relie les différentes parties de la société, maintient tout à sa place, et fait l'ordre et la stabilité.

Il y a, dans le manifeste du comte de Chambord du 5 juillet 1871, un passage où il indique un des buts qu'il devra atteindre quand il sera sur le trône, et qui doit fixer un instant notre attention.

« Nous reprendrons, dit-il à la France, nous reprendrons, en lui restituant son caractère véritable, le mouvement national de la fin du dernier siècle. Une minorité révoltée contre les vœux du pays en a fait le point de départ d'une période de démoralisation par le mensonge et de désorganisation par la violence. Ses criminels attentats ont imposé la révolution à une nation qui ne demandait que des réformes, et l'ont dès lors poussée vers l'abîme. »

Ces paroles remarquables, qui indiquent dans leur auteur un sens historique et politique très-juste, sont l'expression exacte de la réalité et de la vérité, bien que cette vérité ne paraisse pas généralement connue. On se figure, et nombre d'écrivains le disent sur tous les tons, que la France en 1789 voulait la révolution. Cela est parfaitement faux, entièrement opposé à la réalité des faits. Nous l'avons déjà dit, il existe une preuve certaine, irrécusable, de l'état des esprits à cette époque ; ce sont les *cahiers* apportés par les députés à l'Assemblée Constituante, et qui contenaient les vœux de leurs commettants. Pas un seul ne demande quelque chose qui ressemble même de loin à la révolution qui a eu lieu. Tous veulent que l'on maintienne la monarchie ; pas un ne demande la république ;

(1) Manifeste du 25 octobre 1852.

et les trois premiers articles que le rapporteur en a extraits sont les suivants : « Le gouvernement français est un gouvernement monarchique ; la personne du roi est inviolable et sacrée ; la couronne est héréditaire de mâle en mâle (1). » Des réformes sans aucun doute étaient nécessaires, des réformes plus ou moins profondes ; mais la révolution qui a eu lieu n'était ni dans les vœux ni dans l'intérêt de la France. Le comte de Chambord qui n'aime pas, et avec raison, les révolutions, à moins qu'elles ne soient le retour à l'ordre, est au contraire partisan des sages réformes réclamées par la marche du temps et des idées, et les aspirations nationales, et les éléments de gouvernement qu'il a indiqués lui-même à différentes fois en contiennent la substance : « Exclusion de tout arbitraire ; le règne et le respect des lois ; l'honnêteté et le droit partout ; le pays sincèrement représenté, votant l'impôt et concourant à la confection des lois ; les dépenses sévèrement contrôlées ; la propriété, la liberté individuelle et religieuse inviolables et sacrées ; l'administration communale et départementale sagement et progressivement décentralisées : le libre accès pour tous aux honneurs et avantages sociaux (2). » Ce sont là assurément les pensées d'une âme sagement libérale et ouverte à tous les progrès et à toutes les aspirations légitimes.

Une des parties de la mission de tout gouvernement au point de vue politique, sera assurément de travailler à relever la France au dehors, de lui faire reprendre son rang au milieu des puissances de l'Europe. Or le gouvernement du duc de Bordeaux

(1) Rapport du comité de constitution, contenant le résumé des cahiers relatifs à cet objet, lu à l'Assemblée nationale par le comte de Clermont-T erre, le 27 juillet 1789.

(2) Lettre du mars 18

est le plus propre à cette mission, et il est facile de le constater.

Les esprits sages reconnaissent et proclament que l'établissement à nos portes de l'unité italienne et de l'unité allemande est tout ce qu'il y a de plus opposé à nos intérêts (1). Voyons donc ce qu'en pense le comte de Chambord. « La France, dit-il, marchera toujours à la tête des nations ; sa grandeur est nécessaire à l'ordre, à la stabilité, au repos de l'Europe. Mais c'est une raison de plus pour ne pas négliger les conseils d'une politique prévoyante, pour ne pas accepter en silence ce que nos pères se sont efforcés d'empêcher dans tous les temps, pour ne pas laisser se former à nos portes deux vastes États, dont l'un surtout dispose d'une puissance militaire incontestable. Justement jaloux de l'honneur et de la dignité de notre belle patrie, craignons pour elle jusqu'à l'ombre même d'un amoindrissement de l'influence qui lui appartient. » Le prince écrivait cela au général de Saint-Priest en décembre 1866, c'est-à-dire, après la guerre qui avait commencé la transformation et l'unité de l'Allemagne, au profit de la Prusse ; transformation que notre gouvernement, par une politique aussi antifrançaise que anticatholique, avait contribué à amener, en faisant l'unité italienne et en favorisant par ses principes et par ses actes la Prusse au détriment de l'Autriche, politique insensée qui l'a conduit à la catastrophe de Sedan.

Il va de soi, d'après les paroles que nous venons d'entendre, que le duc de Bordeaux sur le trône travaillera à modifier et à changer l'état de choses actuel, si déplorable pour la France. Et personne n'est aussi propre que lui à arriver à ce résultat,

(1) Voir mon ouvrage : *La Providence et les révolutions modernes*, chez Adrien Leclerc.

parce qu'il peut seul nous donner les alliances dont nous avons besoin, et parce que ramenant avec lui la branche d'Orléans il réunira toutes les forces de la patrie. M. de Bismark, avec sa sagacité accoutumée, l'a compris à merveille. Nous avons cité déjà ses paroles; il ne veut pas de la véritable monarchie en France, de la monarchie de la maison de France ayant à sa tête le duc de Bordeaux, et par la raison même que nous venons de donner, parce que, dit-il, elle serait « une force sociale avec laquelle nous aurions trop à compter, car elle prendrait pour base la restauration de ce que la France appelle sa nationalité. » Et il ajoutait, tant il craint l'avénement de la vraie monarchie parmi nous : « C'est là un de ces événements qu'en politique il ne faut pas attendre, mais prévenir. » Avis à tous les Français qui aiment leur patrie. Bismark ne veut pas pour la France de la vraie monarchie ; donc, il faut la vouloir et la faire.

Un des côtés les plus tristes de l'état de notre pauvre patrie, ce sont les divisions, les différents partis qui s'agitent dans son sein, l'affaiblissent et la déconsidèrent. Elle aurait tant besoin du concours de tous ses enfants ! Or le plus ardent désir du duc de Bordeaux, c'est d'amener un jour cette union si nécessaire. Il écrivait à Berryer en janvier 1851 :

« C'est bien là cette politique de conciliation, d'union, de fusion, *qui est la mienne*, et que vous avez si éloquemment exposée : politique qui met en oubli toutes les divisions, toutes les récriminations, toutes les oppositions passées, et veut pour tout le monde un avenir où tout honnête homme se sente, comme vous l'avez si bien dit, en pleine possession de sa dignité personnelle. »

« J'appelle, écrivait-il dans une autre circonstance, j'appelle tous les dévouements, tous les esprits éclairés, toutes les âmes généreuses, tous les cœurs droits, dans quelques rangs qu'ils se trouvent et sous quelques drapeaux qu'ils aient combattu jusqu'ici, à me prêter l'appui de leurs lumières, de leur bonne volonté, de leurs nobles et unanimes efforts pour sauver le pays, assurer son avenir, et lui préparer après tant d'épreuves, de vicissitudes et de malheurs, de nouveaux jours de gloire et de prospérité (1). »

« Le plus beau jour de ma vie, s'écrie-t-il encore, sera celui où je pourrai voir tous les Français, après tant de dissentiments et de rivalités funestes, rapprochés par les liens d'une véritable fraternité, la famille royale réunie autour de son chef dans les mêmes sentiments de respect pour tous les droits, de fidélité à tous les devoirs, d'amour et de généreux dévouement pour la patrie; enfin la France entière pacifiée par la réconciliation de tous ses enfants, donner au monde le spectacle d'une concorde universelle, sincère, inaltérable, qui lui permette encore de longs siècles de gloire et de prospérité (2). »

Puissent ces désirs et ces vœux être entendus, être réalisés, et la France retrouver dans la concorde et l'union de ses enfants la régénération, le bonheur et la gloire!

(1) Lettre du 22 décembre 1850.
(2) Lettre du 15 août 1848.

XIII.

LA MISSION D'HENRI V AU POINT DE VUE RELIGIEUX.

En face des événements immenses qui dans ces deux dernières années se sont déroulés parmi nous, en face des désastres, des humiliations et des crimes qui ont inondé la France, les esprits sérieux se recueillent et recherchent les causes de nos malheurs. Ils écoutent s'il ne sort pas de nos ruines une voix qui nous instruise, et demandent aux événements les leçons qu'ils contiennent. Sans doute nos désastres militaires, nos défaites sont faciles à expliquer et leur cause physique et immédiate est manifeste. Depuis le commencement de la guerre jusqu'à la catastrophe de Sedan, nous n'avons mis en ligne qu'un nombre de troupes très-insuffisant, et nous avons été écrasés par les masses allemandes. Depuis Sedan nous n'avions plus d'armée, mais seulement, ce qui est bien différent, des masses d'hommes confuses et inexpérimentées. La cause physique et extérieure de nos défaites n'est donc que trop évidente. Nous n'étions pas prêts.

Mais est-ce là tout? Les événements accomplis ne contiennent-ils pas d'autre enseignement, et n'avons-nous pas d'autre leçon à en tirer que celle d'augmenter et de réorganiser sur un meilleur pied nos forces militaires? Raisonner ainsi, ce serait tomber dans une dangereuse illusion, ne voir que l'extérieur, l'écorce des choses et n'appliquer à nos maux qu'un remède insuffisant. Deux éléments entrent dans la constitution des sociétés comme dans celle de l'homme : l'élément extérieur et matériel, le corps; puis l'élément intérieur et moral, l'âme, sans laquelle la société n'est qu'un cadavre. Or, où en est l'âme de la France? Les événements, nos défaites, les ignobles saturnales de Paris, ne nous apprennent-ils rien à cet égard? Et n'avons-nous rien à faire au point de vue moral, intellectuel et religieux?

Le prince que la Providence destine à travailler à la régénération de la France, a écrit ces lignes :

« Sachons reconnaître enfin que l'abandon des principes est la vraie cause de nos malheurs. Une nation chrétienne ne peut pas impunément déchirer les pages séculaires de son histoire, rompre la chaîne de ses traditions, inscrire en tête de sa constitution la négation des droits de Dieu, bannir toute pensée religieuse de ses codes et de son enseignement public. Dans ces conditions elle ne fera jamais qu'une halte dans le désordre, elle oscillera perpétuellement entre le césarisme et l'anarchie, ces deux formes également honteuses des décadences païennes, et n'échappera pas au sort des peuples infidèles à leur mission (1). »

Ces belles et nobles paroles, pleines de raison et de haute philosophie, contiennent en substance le programme de la régénération de la France. Quand on étudie un peu sérieusement l'état moral de notre

(1) Lettre à un député, du 8 mai 1871.

pauvre patrie, on est effrayé de la désorganisation intérieure à laquelle nous sommes arrivés, et la première leçon que l'on voit sortir de nos malheurs est celle-ci : nécessité absolue de la religion et de son action régénératrice pour nous sauver, pour refaire l'âme de la France.

La première condition de la vie pour les sociétés, ce sont les doctrines qui la dirigent et l'animent. Or il règne parmi nous sous ce rapport un dévergondage effrayant. Dieu, la morale, l'âme, la religion, l'autorité, l'obéissance, toutes ces nobles et grandes choses qui sont la vie des individus et des nations, tout a été nié, bafoué, insulté par des écrivains à la mode, par de misérables folliculaires qui semblent s'être donné la mission de pervertir et d'empoisonner l'âme de la France. Les doctrines perverses sont pour l'âme ce que le poison est pour le corps; et quand on prend du poison, on meurt. Rome est tombée sous les coups des sophistes, avant de tomber sous ceux des barbares.

L'autorité est manifestement la base sur laquelle repose toute société, la société domestique ou la famille, et la société civile. C'est elle qui fait la société, y maintient l'ordre et l'harmonie, et sans elle elle est impossible. Or qui ne sait que le respect pour l'autorité est singulièrement affaibli parmi nous? Qui ne sait que dans la famille, dans la société civile, dans l'armée, les liens de la subordination et de la discipline sont déplorablement relâchés? C'est là sans doute une des causes de nos malheurs. L'unité fait la force, et la désunion est la désorganisation.

Mais qu'on veuille bien y réfléchir et l'on se convaincra que la religion seule peut apporter un remède aux maux que je signale. Qui peut, sinon elle, donner à tous des doctrines saines sur Dieu, sur l'âme, la morale, la vie future, sur toutes ces vérités qui sont la nourriture et la santé de l'âme. Sans doute la raison peut elle-même, si elle est bien conduite, arriver à quelques-unes de ces vérités. Mais ils sont rares les hommes qui peuvent arriver à la vérité par le raisonnement. La plupart, presque tous ne peuvent que la recevoir. Or la religion seule a mission de l'enseigner, et autorité pour la faire accepter. C'est elle spécialement qui peut enseigner le respect de l'autorité, l'obéissance et la soumission qui lui sont dues. M. Guizot a appelé l'Église *une grande école de respect.* Nous avons bien besoin d'aller à cette école. Un autre homme d'État célèbre, qui est aujourd'hui à la tête de la France, disait, il y a longtemps déjà, à la tribune législative : « Si j'avais dans mes mains les bienfaits de la foi, je les ouvrirais sur mon pays. Une nation croyante est plus facile à gouverner et plus apte aux grandes choses. »

Deux désordres déplorables, deux crimes sociaux sont de nature en particulier à attirer sur nous les fléaux de Dieu, scandalisent les autres peuples, et nous font appeler quelquefois *la nation impie.* Le rouge monte au front à cette injure jetée à la France. Elle est exagérée sans doute, mais malheureusement elle n'est pas gratuite. Le travail public des dimanches est un de ces crimes sociaux dont je parle. Et pourquoi ne pas le réprimer? Les lois qui le défendent existent; elles ont toute leur valeur. Pourquoi ne pas les appliquer? Ce serait, dit-on, blesser la liberté. Non, ce serait combattre la licence; car c'est de la licence, ce qui est opposé à la loi de Dieu et à la loi du pays. L'Angleterre est assurément une nation qui s'y entend, en fait de liberté. Or, chez elle le travail du dimanche est proscrit. On dit encore: cette proscription en France ne serait pas populaire; elle est contraire à l'opinion. A l'opinion des impies et des gens sans religion. Et du reste, c'est la mission et le devoir d'un gouvernement sage et ferme de réformer l'opinion, lorsqu'elle est mauvaise. Sans doute il est très-bon de gouverner d'après l'opinion, mais lorsqu'elle est bonne elle-même : quand elle est mauvaise, quand elle est celle d'écrivains irréligieux, et quand on la suit, elle mène aux abîmes.

Je ne doute pas que le gouvernement réparateur du duc de Bordeaux ne fasse cesser le désordre dont je parle; il n'aura du reste qu'à appliquer les lois existantes et c'est un devoir pour tout gouvernement de le faire.

L'autre désordre social qui nous a valu la triste épithète que je rappelais tout à l'heure, c'est que la France n'a pas officiellement, et comme État social, une religion, elle n'a pas de religion d'État. Sans doute elle est en grande majorité catholique: mais comme État civil et politique, elle n'a pas de religion, elle est sans religion. Or c'est là un grave désordre. Laissons un instant de côté les préjugés, secouons l'empire des mots et considérons les choses en elles-mêmes.

Admettre la vraie religion, la religion de la France, honorer par les actes publics du culte catholique le Dieu véritable, publiquement et officiellement, donner à la religion l'action et l'influence qu'elle doit raisonnablement avoir sur la société, la propager, la défendre autant que la sagesse le demande ou le permet, voilà ce que c'est dans sa substance, que la religion d'État. Et on peut la définir : la religion appliquée à l'État.

Or, je le demande, n'est-il pas en soi souverainement raisonnable que la religion soit appliquée à l'État? Est-ce que cette grande chose qu'on appelle le pouvoir, le gouvernement, qui a dans ses mains de si grands intérêts, qui fait les lois, qui les applique, qui administre, qui juge, qui fait la guerre, qui fait la paix, qui peut faire jusqu'à un certain point le bonheur d'un si grand nombre d'hommes; est-ce que l'autorité, est-ce que l'État doivent être sans religion et sans Dieu ? N'est-il pas souverainement raisonnable, n'est-il pas parfaitement conforme à la nature des choses que l'autorité civile, comme telle, rende un culte à la divinité ? Dieu est le principe premier, la cause première de la société, car c'est lui qui a fait l'homme social, qui a fait de la société son état naturel. Il est de plus le premier maître, le suprême monarque de la société, de l'État. Or le principe premier, la cause suprême a droit à un culte. La société civile, l'État doivent donc, aux yeux mêmes de la raison, avoir et professer un culte, une religion. Aussi, dans toute la longue série des siècles, une société civile, un État sans religion est-il un phénomène; l'histoire l'atteste. Or nous sommes malheureusement en France aujourd'hui ce triste phénomène que le paganisme n'a peut-être pas présenté.

Espérons que nous aurons enfin un gouvernement qui aura l'âme assez élevée pour comprendre, que placer Dieu à la tête d'une constitution, c'est lui donner un caractère de grandeur devant lequel tous les autres sont bien petits, et que pour l'État, professer la religion qui a civilisé l'Europe, c'est faire acte de raison et de haute sagesse.

L'affaiblissement de la religion parmi nous a produit une autre plaie vive, une autre cause de nos malheurs, contre laquelle la mission d'un gouvernement moral et chrétien sera de lutter énergiquement. Je veux parler de cet empire de la matière, de ce règne de la volupté, de ce luxe effréné, de cette vie sensuelle qui nous corrompt, nous pervertit et nous affaiblit. Deux éléments, nous l'avons dit, composent la vie des individus et des sociétés : l'élément spirituel et l'élément matériel. Le premier évidemment devrait dominer, car l'âme vaut mieux que le corps. C'est le contraire qui a lieu. Le bien-être, les jouissances sensuelles, le culte de la matière sous toutes les formes domine tout. Or, l'histoire nous l'enseigne éloquemment, quand les sociétés anciennes sont tombées, elles étaient arrivées au dernier développement de la vie matérielle, et la vie religieuse avait à peu près disparu; et il n'est pas nécessaire d'entrer bien profondément dans la nature des choses pour comprendre que c'est là une loi du monde et une loi nécessaire. La matière se corrompt bien vite. On sait ce qu'il advient du corps dans l'homme, quand l'âme ne l'anime plus de sa vie. Il devient cadavre. Or la société est, comme l'homme, composée d'un corps et d'une âme. Le corps, c'est l'élément extérieur et matériel; c'est la richesse, c'est le bien-être, c'est la jouissance, c'est la volupté. L'âme, c'est la doctrine, c'est la vérité, c'est la vertu, c'est surtout la religion; car elle seule maintient et fait circuler dans le corps social la vérité et la vertu. Lorsque l'élément matériel domine tout, lorsque toutes les forces, toutes les énergies de la société sont employées à le développer et à lui faire prendre chaque jour de nouveaux accroissements, lorsqu'il ne reste plus pour les choses de l'âme qu'un branle affaibli et misérable, alors les sociétés se matérialisent, deviennent tout corps, et s'avancent à grands pas vers la corruption et la ruine. Qui pourra les arrêter? La religion. Elle seule est assez puissante pour opposer une digue au torrent. Elle seule peut mettre un frein à cet amour, à cette fureur du lucre, du luxe et des plaisirs qui absorbe les âmes, les enivre et les corrompt. Elle seule est un contre-poison efficace contre les émanations délétères qui sortent des corruptions de la matière. Et pourquoi la religion a-t-elle seule ce pouvoir? C'est qu'elle seule peut donner aux âmes une nourriture solide et substantielle qui les rassasie et les calme, en leur donnant ces vérités immortelles et ces biens supra-sensibles pour lesquels nous sommes faits. Les nations vides de principes, de sentiments et de pratiques religieuses, se jettent à corps perdu dans les jouissances sensuelles, comme des aigles affamés se précipitent sur une vile nourriture.

Oh! que nous avons besoin d'un gouvernement inspiré de ces idées et de ces sentiments et qui les applique, et laisse à la religion libre carrière pour exercer sa salutaire influence à tous les degrés de l'enseignement et de l'apostolat! Que nous avons besoin d'un gouvernement qui réalise ces belles paroles du comte de Chambord :

« Pour la monarchie traditionnelle, gouverner, c'est s'appuyer sur les vertus de la France, c'est développer tous ses nobles instincts; c'est travailler sans relâche à lui donner ce qui fait les nations grandes et respectées, c'est vouloir qu'elle soit *la première par la foi*, par la puissance et par l'honneur (1). »

« Ne l'oubliez pas, c'est par le retour à *ses traditions de foi* et d'honneur, que la grande nation, un moment affaiblie, recouvrera sa puissance et sa gloire (2). »

Mais je rencontre ici sur ma route une objection dont il faut dire un mot avant de clore ce chapitre.

Il y a des personnes très-effrayées de l'avenir, qui ont une peur, mais une peur qui les empêche de dormir. Elles sont effrayées peut-être par la perspective de nouvelles guerres, d'une nouvelle *Commune*. Ce n'est pas cela. Voici ce qui les fait trembler. Elles ont peur que le gouvernement dont je parle ne les amène à la pratique de la religion.

(1) Lettre du 15 novembre 1869.
(2) Manifeste du 9 octobre 1870.

Mais, disent-elles, s'il allait nous forcer à aller à la messe? S'il allait surtout nous obliger à aller à confesse? C'est à en mourir de frayeur.

Eh! Messieurs, quel si grand mal y aurait-il, si vous alliez à confesse? Et Charlemagne, Philippe-Auguste, Duguesclin, Bayard, Louis XIV, Turenne, Condé, Descartes, y allaient bien. Et Napoléon s'est bien confessé avant de mourir. Est-ce que vous croyez qu'il n'en avait pas besoin? Est-ce que vous-mêmes vous n'en auriez pas besoin quelque peu? Au reste, soyez tranquilles; le gouvernement qui viendra vous laissera parfaitement libres. Mais si par sa douce influence, par l'ensemble des choses, par une inspiration secrète de votre âme qui au fond est chrétienne, vous alliez un jour à la messe, et à confesse, quel mal y aurait-il à cela? Les principes de 89 ne s'y opposent pas du tout. Et que vous vous en trouveriez bien, pour ce monde-ci et pour l'autre!

XIV.

LA MISSION D'HENRI V AU POINT DE VUE RELIGIEUX.

(Suite.)

Les nations ont leur vocation comme les individus. Tel homme est appelé à jouer un rôle sur le théâtre du monde et à exercer sur ses contemporains une influence plus ou moins marquée; tel autre, et c'est le plus grand nombre, vivra parfaitement ignoré, et ne laissera pas même sur cette terre un vestige de ses pas. Ainsi en est-il des nations. La Providence appelle les unes à exercer sur le monde une action puissante et à le remplir du bruit de leur nom; d'autres en ont un qui n'est guère connu que dans leur propre histoire. Mais toutes concourent, sous la direction du grand Ordonnateur des choses, au but général de la Providence.

Quelle est la vocation de la France? Quelle est sa mission sur la terre? Elle a, sans aucun doute, comme l'ont tous les peuples, la vocation d'être plus ou moins heureuse, puissante et prospère, et la mission d'exercer pour le bien sa juste influence. Mais c'est là un but général que toutes les nations sont appelées à atteindre selon leurs moyens. Il y a une vocation supérieure, une mission spéciale que

Dieu et les circonstances providentielles donnent à certains peuples, et que de grands esprits ont souvent signalées. L'empire romain avait pour mission supérieure de préparer par son unité, qui embrassait le monde connu, l'unité de religion par le christianisme, auquel tous les peuples étaient appelés. Or si l'on étudie attentivement l'histoire de la France, son origine constitutive, les principales phases et les principaux caractères de son existence, on arrive à cette conclusion : la vocation de la France, sa mission supérieure et spéciale, c'est la défense et la propagation du catholicisme, c'est la défense de la liberté de l'Église et de son pouvoir temporel.

Avant de le démontrer, je veux constater que le prince destiné par la Providence à nous relever de nos ruines et à nous faire reprendre notre place dans le monde, a parfaitement compris cette mission supérieure, qu'il la fait sienne, et qu'il est parfaitement disposé à la réaliser. Rien dans tout ce qu'il a écrit, ne doit faire autant de plaisir aux âmes catholiques que les paroles que je vais citer : elles révèlent une intelligence aussi catholique qu'elle est élevée, et la volonté d'accomplir la mission supérieure qui lui est confiée par la Providence. Il écrit dans sa célèbre lettre à un député du 8 mai 1871 :

« On dit que l'indépendance de la papauté m'est chère, et que je suis résolu à lui obtenir d'efficaces garanties. On dit vrai.

» La liberté de l'Église est la première condition de la paix des esprits et de l'ordre dans le monde. *Protéger le Saint-Siège fut toujours l'honneur de notre patrie, et la cause la plus incontestable de sa grandeur parmi les nations. Ce n'est qu'aux époques de ses plus grands malheurs que la France a abandonné ce glorieux patronage.* »

Montrons maintenant qu'il n'y a rien de plus vrai que ces paroles, et qu'elles sont le résumé catholique de l'histoire de la France, à laquelle le prince qui les a écrites ajoutera bientôt des pages magnifiques.

La France, on peut le dire, est née sous Clovis, c'est lui qui l'a constituée, qui l'a faite royaume véritable et fort; c'est un fait historique, et c'est là ce que j'appelle son origine constitutive. Or on sait que de toutes les nations barbares, envoyées des régions du Nord par la Providence pour régénérer l'Europe, la France fut la première nation catholique, et son roi Clovis, le fils aîné de l'Église romaine; on sait qu'elle a été baptisée avec lui en naissant avec lui et par lui à la vie véritablement nationale. Il est donc vrai de dire que la France est née catholique. Qu'on veuille bien le remarquer, les autres nations se sont converties au catholicisme après avoir vécu longtemps hors de son sein; la France est née et a été constituée dans le catholicisme, dans le sens que je viens d'indiquer. Aussi son roi commence-t-il tout d'abord à remplir sa mission de défenseur de l'Église, en refoulant les peuplades ariennes qui menaçaient de dominer l'Europe, et en faisant ainsi triompher la vraie foi en Occident. Et dès lors aussi le pape Anastase se félicitait de ce que la Providence avait donné à son Église la France pour la défendre (1). Et Clovis faisait déjà au ve siècle ce que fera Henri V au XIXe.

Les principaux moments de l'existence d'une nation, ceux où son caractère moral et sa mission se manifestent davantage, c'est l'établissement des dynasties qui la gouvernent successivement. La France en a eu trois, et les princes qui les ont inaugurées ont été remarquables par la protection particulière

(1) Labbe, t. IV.

dont ils ont couvert l'Église. Clovis est, à proprement parler, le véritable fondateur de la monarchie française. Or, nous venons de le rappeler, c'est par lui et avec lui que la France est née catholique et qu'elle a commencé à protéger l'Église. Qui ne connait l'esprit profondément chrétien des premiers Carlovingiens, et les services éminents qu'ils ont rendus à l'Église? Qui ne sait que Charlemagne, le plus grand homme peut-être qui ait paru, ne connaissait pas de plus beau titre que celui de défenseur de l'Église, et qu'il se plaisait à l'ajouter à son nom? *Ego Carolus devotus sanctæ Ecclesiæ Dei defensor* (1). C'est pour cela sans doute que la Providence a permis que la grandeur s'attachât à son nom jusqu'à le pénétrer. On dit Louis le grand, mais on dit Charlemagne. La dynastie des Capétiens, dont Henri V est le représentant, ne montra pas moins de dévouement à la cause catholique. L'expansion du christianisme par les croisades et les missions, tel est le rôle catholique de la France sous cette troisième race de nos rois. Et saint Louis, aussi grand monarque que grand saint, en est l'expression la plus parfaite.

Il m'est impossible, on le comprend, d'indiquer seulement ici tout ce que la France a fait pour le catholicisme; je ne puis que toucher comme en courant le sommet des choses. Mais je signale une des plus belles gloires de la France, qui consiste à avoir, dit le comte de Maistre, constitué humainement l'Église catholique dans le monde. « Charlemagne, dit ce grand écrivain, éleva ou fit reconnaître ce trône pontifical, fait pour ennoblir et consolider tous les autres. Comme il n'y a pas eu de plus grande institution dans l'univers, il n'y en a pas, sans le moindre doute, où la main de la Providence se soit montrée d'une manière plus sensible; mais il est

(1) Baluz., *Capit.*, t. I.

beau d'avoir été choisi pour être l'instrument éclairé de cette merveille unique (1). »

Hélas! nous avons été infidèles à notre mission. Il est impossible de nous le dissimuler, c'est sous notre patronage, c'est sous notre protection que le Piémont a pu détruire ce pouvoir temporel du Pape, œuvre de la France et de la Providence, et si nécessaire à l'Église. Nous avons fait des réserves sans doute; mais en fin de compte et en réalité, nous avons livré le Pape.

Or, il y a un fait historique singulièrement remarquable et trop peu remarqué, fait qui se vérifie constamment depuis la fondation de la monarchie française jusqu'à nos jours, et qui semble revêtir le caractère d'une loi providentielle. On peut le formuler ainsi : *La France est grande et puissante toutes les fois qu'elle protège l'Église, et au contraire elle est malheureuse et humiliée toutes les fois qu'elle la persécute ou la trahit.*

Elle jette son premier éclat sous Clovis; sa gloire et sa puissance commencent dès lors à la placer à la tête de l'Europe. Mais c'est aussi à cette époque qu'elle naît au christianisme, qu'elle commence à le protéger et à le défendre, et qu'elle mérite le beau nom de fille aînée de l'Église. Jamais, à coup sûr, elle n'a été aussi grande et aussi puissante que sous Charlemagne; la France alors, c'était l'Europe. Mais jamais non plus sa politique n'a été aussi catholique, jamais elle n'a rendu à l'Église d'aussi éminents services. Sous Hugues Capet et sous saint Louis, sa grandeur, sa prospérité et sa puissance ont été proportionnées à son dévouement à la cause catholique. Sous Louis XIV, elle brillait à la tête de l'Europe par la gloire des armes et des lettres, mais aussi par la gloire religieuse, par sa victoire sur le

(1) De Maistre, *Du Pape*, Disc. prélim.

calvinisme à l'intérieur et par son zèle pour la propagation du catholicisme dans le monde entier. Et, si l'astre du grand roi a pâli, si les humiliations ne lui ont pas manqué, il faut dire aussi que sa conduite à l'égard des Pontifes romains n'a pas toujours été digne du fils aîné de l'Église.

La France a été malheureuse et abaissée spécialement à trois époques de son histoire. Les Anglais, au XVe siècle, profitant de ses dissensions intestines, l'envahirent, en mirent la couronne sur la tête de leur roi, et l'amenèrent à deux doigts de sa perte. A la fin du XVIIIe siècle, elle fut pendant dix ans en proie à d'affreux malheurs, placée sous le joug du plus hideux terrorisme et inondée du sang de ses enfants. Enfin, sous l'empire de Napoléon Ier, décimée et épuisée par quinze ans de guerre, elle a été deux fois envahie par les armées de l'Europe coalisée. Ce sont là évidemment les plus grandes calamités qu'elle ait eu à subir dans le cours de son existence. Or, il est bien remarquable qu'elles suivent ses plus grandes infidélités à sa mission de défendre l'Église catholique. Les Anglais l'envahissent, et elle gémit pendant des années sous le poids de tous les malheurs réunis; mais auparavant Philippe le Bel s'était porté, avec les États généraux, contre le vicaire de Jésus-Christ à d'indignes excès, et la France avait été la principale cause du grand schisme d'Occident. La grande Révolution la couvre de crimes, de sang et de boue; mais elle avait été pendant un demi-siècle le foyer de l'impiété et de l'anticatholicisme. En deux années consécutives, sous le premier empire, elle voit son territoire envahi par les armées étrangères; mais auparavant Napoléon avait, contre toute justice, envahi les États de l'Église et amené prisonnier, en France, le représentant de Dieu sur la terre.

C'est donc un double fait historique incontestable, que personne ne saurait révoquer en doute. La France, depuis la fondation de la monarchie jusqu'à nos jours, a été grande et puissante toutes les fois qu'elle a protégé l'Église, et elle a été malheureuse et humiliée toutes les fois qu'elle l'a persécutée ou trahie, toutes les fois qu'elle a été infidèle à sa mission providentielle.

Et c'est cette loi-là même qui vient de s'appliquer encore sous nos yeux. La France a été vaincue, humiliée; elle a subi toutes les calamités et toutes les hontes. Mais elle avait forfait à sa mission, elle avait livré le Pape et ses États, qu'elle devait défendre, à la rapacité piémontaise. Et le même jour où elle retirait au Pape la protection de son drapeau, ce jour-là même commençait la série de ses malheurs. Paris, la ville de la politique anticatholique, Paris, la ville des scandales et des hontes, Paris, la ville du luxe insensé et des voluptés criminelles, Paris, la ville des doctrines anticatholiques et impies, Paris, la Babylone moderne, a passé des angoisses d'un siége et des humiliations d'une capitulation aux folies furieuses, aux dévastations et aux incendies de la Commune.

« Discite justitiam moniti et non temnere divos ! »

Et nunc, reges, intelligite, erudimini, qui judicatis terram !

Je sais qu'il y a des esprits qui ne voient dans cette loi de l'histoire que je viens de constater, que des coïncidences fortuites, des effets du hasard. C'est le hasard qui a produit constamment les mêmes résultats, c'est le hasard qui a rendu constamment la France heureuse et grande ou malheureuse et abaissée, selon qu'elle a protégé ou trahi l'Église de Dieu ; c'est le hasard qui a produit constamment ce double fait, un des plus merveilleux de l'histoire; c'est le hasard qui a tout fait. Pour moi, je l'avoue, ce hasard je l'adore et le bénis. Je l'adore et le bénis comme la Providence de Dieu, révélant la vocation et la mission de la France. Je l'adore et le bénis comme la Providence de Dieu apprenant à ceux qui la gouvernent que le moyen de la rendre grande et heureuse, c'est de la rendre fidèle à sa mission supérieure, c'est de protéger et de défendre l'Église de Jésus-Christ; et qu'au contraire, l'abandonner et la trahir, est le chemin qui mène aux abîmes.

Telle est, en effet, la conclusion de ces pages rapides. La vocation, la mission supérieure et spéciale de la France, c'est de défendre l'Église catholique. Son histoire entière le proclame. Sa politique doit être conforme à sa mission providentielle, c'est-à-dire catholique. Son histoire nous apprend que selon qu'il en a été ainsi ou non, elle a été heureuse ou malheureuse; et conséquemment sa politique, pour être véritablement française, doit être catholique. Elle doit surtout couvrir de sa protection l'Église romaine, le pouvoir temporel des Papes, qui est son œuvre et qu'elle a la mission de maintenir.

Les idées que je viens d'exposer dans ce chapitre sont aussi, nous l'avons vu déjà, les idées du prince que la Providence destine à sauver la France. « Protéger le Saint-Siége, écrit-il, fut toujours l'honneur de notre patrie, et la cause la plus incontestable de sa grandeur parmi les nations. Ce n'est qu'aux époques de ses plus grands malheurs, que la France a abandonné ce glorieux patronage (1). » Henri V comprend donc à merveille la mission de la France et la sienne, et il sera fidèle à l'accomplir. Il apprécie avec une grande justesse la politique de l'empire, dans ces années où il laissait tomber pièce à pièce la souveraineté temporelle du chef de l'Église, qu'il

(1) Lettre à un député, du 8 mai 1871.

appelle « l'indispensable garantie de son indépendance et du libre exercice de son autorité spirituelle dans tout l'univers. » « Si d'autres pensées, dit-il, avaient présidé au gouvernement de notre pays, fidèle à ses traditions nationales et à son glorieux titre de Fille aînée de l'Église, la France aurait eu quelque chose de plus à offrir au Saint-Père qu'un appui provisoire et passager. Soutenu par elle, Pie IX n'aurait rien à craindre de ses ennemis; il eût accompli en paix sa double mission de Pontife et de roi, et ses peuples lui devraient depuis longtemps les améliorations dont il avait pris lui-même la généreuse et paternelle initiative. Aujourd'hui, nous touchons peut-être à une catastrophe dont les conséquences sont incalculables. »

Le prince écrivait ces paroles à la fin de 1866. Depuis, la catastrophe prédite est arrivée. Le pouvoir temporel est tombé. Mais il se relèvera avec la France. Henri V a compris sa mission; et il l'accomplira sous l'action de la Providence dont il sera l'instrument glorieux.

XV.

CONCLUSION.

On proposait un jour au duc de Bordeaux l'appel au peuple, comme moyen de monter sur le trône de ses pères. « Je ne suis pas proprement pour l'appel au peuple, répondit le prince, mais je suis pour que le peuple, pour que la nation m'appelle. »

Cette réponse est l'expression même de la vérité et de la réalité des choses. Le comte de Chambord ne pouvait pas sous la république de 48, il ne peut pas davantage sous celle-ci, en appeler au peuple sans paraître au moins renoncer au principe dont il est le représentant. Or c'est ce principe qui fait sa force, c'est ce principe qui est la garantie de l'ordre et de l'avenir, c'est ce principe qui est le salut de la France. Le prince n'a donc pas le droit d'y renoncer, pas plus qu'il n'en a la volonté. Mais, au contraire, que la France l'appelle, alors tout s'arrange et se concilie. Les deux grandes opinions politiques qui partagent les esprits, sont logiquement et pratiquement d'accord, comme nous l'avons précédemment démontré, et tout devra s'incliner devant la voix des principes et devant la voix de la France.

Voilà donc ce qu'il faut faire, il faut appeler le duc de Bordeaux. Il n'y a pas d'autre moyen logique et pratique de reconstituer parmi nous le principe d'autorité, et de sauver la France. Hélas! il est bien à craindre que nous n'arrivions là qu'après avoir passé par de nouvelles catastrophes. Mais c'est le moyen de salut; la logique, les circonstances, les indications providentielles, tout l'annonce.

Le prince, chose remarquable, est lui-même convaincu qu'il sera appelé. Et c'est sans doute là une de ces convictions que Dieu met parfois dans l'âme des hommes prédestinés.

« *Croyez-le bien*, dit-il dans sa lettre célèbre à un député, *je serai appelé*, non-seulement parce que je suis le droit, mais parce que je suis l'ordre; parce que je suis la réforme; parce que je suis le fondé de pouvoir nécessaire pour remettre à sa place ce qui n'y est pas, et gouverner avec la justice et les lois, dans le but de réparer les maux du passé et de préparer enfin un avenir. On se dira que j'ai la vieille épée de la France dans la main, et dans la poitrine ce cœur de roi et de père qui n'a point de parti. Je ne suis point un parti, je ne veux point revenir pour régner par un parti. Je n'ai ni injures à venger, ni ennemi à écarter, ni fortune à refaire, sauf celle de la France... Je ne ramène que la religion, la concorde et la paix (1). »

Le prince est prêt; ses idées, son plan, tout est arrêté. « Je me tiens prêt, écrit-il, à tout ce que le ciel peut ordonner de moi. Quoi qu'il arrive, j'aurai mon plan, mes résolutions, mes mesures arrêtées, et le moment venu je serai à mon poste, bien décidé à

(1) Lettre à un député, du 8 mai 1871.

me sacrifier tout entier pour le bonheur de la France (1). »

Rappeler le duc de Bordeaux sur le trône, tel est donc le moyen de salut pour la France : nous l'avons démontré dans tout le cours de cet écrit. La république, nous l'avons vu, ne saurait être le gouvernement définitif de la France; elle ne peut être qu'un état provisoire; la monarchie seule est en harmonie avec sa nature, son tempérament politique, elle est son gouvernement naturel et nécessaire. Il nous faut donc une famille régnante. La famille Bonaparte est tombée d'une de ces chutes dont on ne se relève pas. La famille d'Orléans ne pourrait monter sur le trône que par le principe révolutionnaire et contre le droit. La famille des Bourbons représentée par le duc de Bordeaux, chef de la maison de France, est la dynastie qu'il faut rappeler. Portée au trône, à l'assemblée de Noyon, par la nation représentée par les grands du royaume, cette famille est la plus ancienne et la plus illustre race royale de l'univers. C'est elle, l'histoire le démontre, qui a donné à la France son unité et sa force, c'est elle qui l'a successivement agrandie, et en a fait le premier royaume de l'Europe. C'est elle, c'est le duc de Bordeaux qui reconstituera parmi nous le principe d'autorité et de stabilité, sans lequel nous ne pouvons qu'aller de révolution en révolution, et recommencer cette course aventureuse qui use nos forces et dans laquelle nous finirons par mourir. C'est elle qui, en face des monarchies européennes, est la plus digne d'être à la tête de la France, la plus capable de la relever de ses ruines, et de lui faire reprendre sa grande place dans le monde. C'est elle, c'est le duc de Bordeaux qui, appelé au trône, réunira, comme nous l'avons expliqué, les deux

(1) Lettre du 23 février 1852, à M. de Corcelle.

principes politiques qui nous divisent, l'hérédité et l'élection. C'est elle, c'est Henri V qui a la mission magnifique de régénérer la France, au point de vue politique, au point de vue moral, au point de vue religieux; c'est lui qui est appelé à reprendre la mission catholique et providentielle de la France dans le monde.

Il n'y a du reste, nous l'avons montré, entre les principes, les idées du duc de Bordeaux et les aspirations justes et légitimes des sociétés modernes, aucune incompatibilité, mais il y a au contraire conformité et harmonie. Il veut, comme la France, l'union de l'autorité et de la liberté, un pouvoir tempéré, environné d'institutions modératrices, il veut un gouvernement représentatif. Il veut l'égalité de tous devant la loi, l'accès de tous aux emplois et aux dignités; il ne veut pas être le roi d'un parti, mais le roi de tous, le roi de la nation : il est, dans le sens vrai, rationnel et nécessaire que j'ai expliqué, roi de droit divin; mais il est en même temps roi national. Opposé par principe, par nature et par instinct à cette démagogie révolutionnaire et subversive qui menace la France et l'Europe, il veut cette démocratie saine, raisonnable, qui consiste à élever, à faire progresser toutes les classes de la société, au point de vue matériel, intellectuel et moral; et même, nous l'avons vu, la monarchie royale du duc de Bordeaux est éminemment propre à donner à la démocratie ce lest qui lui manque, qu'elle n'a point encore trouvé, et sans lequel elle sera toujours comme un navire au milieu des mers bouleversées par la tempête. En un mot, le duc de Bordeaux, par ses principes, par ses idées, par ses qualités, ses aptitudes personnelles, par sa position est l'homme de la France et de la Providence.

Nous sommes arrivés à un des moments les plus solennels de l'existence du monde. Tous les esprits qui réfléchissent aperçoivent dans un avenir qui nous touche une ère nouvelle pour l'humanité. Quelque chose d'inconnu se remue dans les airs et au fond des âmes. Une attente universelle tient l'Europe en suspens. Nous marchons vers la grande unité pressentie par le génie. L'âge qui s'avance, dont nous entendons les pas, sera un des plus merveilleux des annales de l'univers. O ma France, reviens à l'ordre et à la vérité, à la religion et à l'autorité. Ouvre tes bras au prince aimé de Dieu. Élève ton intelligence et ton cœur à la hauteur de tes destinées. Prépare-toi à reprendre dans le monde ta place et ta mission providentielle. Venez, prince, ceindre la couronne de Clovis, de Charlemagne, de saint Louis, d'Henri IV et de Louis XIV. Prenez dans vos mains prédestinées le sceptre et l'épée de la grande nation, aujourd'hui abaissée, mais bientôt triomphante. La puissance, la grandeur et la gloire sont aux élus de Dieu.

FIN.

TABLE.

Imprimerie L. Toinon et Cie, à Saint-Germain.

www.ingramcontent.com/pod-product-compliance
Ingram Content Group UK Ltd.
Pitfield, Milton Keynes, MK11 3LW, UK
UKHW021541260726
13993UKWH00002B/574

9 782019 707156